# Trattato della Pittura - Parte III

## LEONARDO DA VINCI

### 1733

# TABLE OF CONTENTS

# PARTE III. DE' VARI ACCIDENTI E MOVIMENTI DELL'UOMO E PROPORZIONE DI MEMBRA

## DELLE MUTAZIONI DELLE MISURE DELL'UOMO PEL MOVIMENTO DELLE MEMBRA A DIVERSI ASPETTI

Variansi le misure dell'uomo in ciascun membro, piegando quelli piú o meno, ed a diversi aspetti, diminuendoli o crescendoli tanto piú o meno da una parte, quanto gli crescono o diminuiscono dal lato opposito.

## DELLE MUTAZIONI DELLE MISURE DELL'UOMO DAL NASCIMENTO AL SUO ULTIMO CRESCIMENTO

L'uomo nella sua prima infanzia ha la larghezza delle spalle eguale alla lunghezza del viso, ed allo spazio che è dalle spalle alle gomita, essendo spiegato il braccio ed è simile allo spazio che è dal dito grosso della mano al detto gomito piegato, ed è simile allo spazio che è dal nascimento della verga al mezzo del ginocchio, ed è simile allo spazio che è da essa giuntura del ginocchio alla giuntura del piede. Ma quando l'uomo è pervenuto all'ultima sua altezza, ogni predetto spazio raddoppia la lunghezza sua, eccetto la lunghezza del viso, la quale, insieme con la grandezza di tutto il capo, fa poca varietà; e per questo l'uomo che ha finito la sua grandezza, il quale sia bene proporzionato, è dieci de' suoi volti, e la larghezza delle spalle è due d'essi volti: e cosí tutte le altre lunghezze sopradette son due d'essi volti; ed il resto si dirà nell'universale misura dell'uomo.

## COME I PUTTINI HANNO LE GIUNTURE CONTRARIE AGLI

## UOMINI NELLE LORO GROSSEZZE

I putti piccoli hanno tutti le giunture sottili, e gli spazi posti fra l'una e l'altra sono grossi; e questo accade perché la pelle sopra le giunture e sola senz'altra polpa che di natura di nervo, che cinge e lega insieme le ossa, e la carnosità umorosa si trova fra l'una e l'altra giuntura inclusa fra la pelle e l'osso; ma perché le ossa sono piú grosse nelle giunture che fra le giunture, la carne, nel crescere dell'uomo, viene a lasciare quella superfluità che stava fra la pelle e l'osso, onde la pelle s'accosta piú all'osso, e viene ad assottigliare le membra; sopra le giunture non v'essendo che la cartilaginosa e nervosa pelle, non può disseccare, e non disseccando, non diminuisce; per queste ragioni i puttini sono sottili nelle giunture, e grossi fra le giunture stesse, come si vede le giunture delle dita, braccia e spalle sottili, e con cavi fusi;[1] e gli uomini per lo contrario esser grossi in tutte le giunture, dita, braccia e gambe; e dove i puttini hanno in cavo, essi aver di rilievo.

NOTE

[1] Nell' edizione romana, 1817, "e concave;" forse: " e cavi fuori."

## DELLE DIFFERENTI MISURE CHE V'HANNO FRA I PUTTI E GLI UOMINI

Fra gli uomini ed i puttini trovo gran differenza di lunghezze dall'una all'altra giuntura, imperocché l'uomo ha dalla giuntura della spalla al gomito, e dal gomito alla punta del dito grosso, e da un omero della spalla all'altra due teste per pezzo, ed il putto ne ha una, perché la natura compone prima la grandezza della casa dell'intelletto, che quella degli spiriti vitali.

## DELLE GIUNTURE DELLE DITA

Le dita della mano ingrossano le loro giunture per tutti i loro aspetti quando si piegano, e tanto piú s'ingrossano quanto piú si piegano, e cosí diminuiscono quanto piú le dita si addrizzano; il simile accade delle dita de' piedi, e tanto piú si varieranno quanto esse saranno piú carnose.

## DELLE GIUNTURE DELLE SPALLE, E LORO ACCRESCIMENTI E DIMINUZIONI

Delle giunture delle spalle, e delle altre membra piegabili si dirà nel suo luogo nel Trattato della notomia, dove si mostrano le cause de' moti di tutte le parti di che si compone l'uomo.

## DELLE SPALLE

Sono i moti semplici principali del piegamento fatto dalla giuntura della spalla, cioè quando il braccio a quella appiccato si move in alto o in basso, o in avanti o indietro, benché si potrebbe dire tali moti essere infiniti, perché se si volterà la spalla a una parete di muro, e si segnerà col suo braccio una figura circolare, si sarà fatto tutti i moti che sono in essa spalla; perché ogni quantità continua è divisibile in infinito, e tal cerchio è quantità continua fatta dal moto del braccio; il qual moto non produce quantità continua, se essa continuazione non la conduce. Adunque il moto d'esso braccio è stato per tutte le parti del cerchio; ed essendo il cerchio divisibile in infinito, infinite sono state le varietà della spalla.

## DELLE MISURE UNIVERSALI DE' CORPI

Dico che le misure universali de' corpi si debbono osservare nelle lunghezze delle figure, e non nelle grossezze, perché delle laudabili e maravigliose cose che appariscono nelle opere della natura, è che nessuna sua opera, in qualunque specie per sé, l'un particolare con precisione si somiglia all'altro. Adunque tu, imitatore di tal natura, guarda ed attendi alla varietà de' lineamenti. Piacemi bene che tu fugga le cose mostruose, come di gambe lunghe, busti corti, petti stretti e braccia lunghe; piglia dunque le misure delle giunture e le grossezze in che forte varia essa natura, e variale ancora tu. E se tu pure vorrai sopra una medesima misura fare le tue figure, sappi che non si conosceranno l'una dall'altra, il che non si vede nella natura.

## DELLE MISURE DEL CORPO UMANO E PIEGAMENTI DI MEMBRA

Necessità costringe il pittore ad aver notizia degli ossi sostenitori e dell'armatura della carne che sopra essi si posa, e delle giunture che accrescono e diminuiscono ne' loro piegamenti; per la qual cosa la misura del braccio disteso non confà con la misura del braccio piegato c. Cresce il braccio e diminuisce infra la varietà dell'ultima sua estensione e piegamento l'ottava parte della sua lunghezza. L'accrescimento e l'accortamento del braccio viene dall'osso che avanza fuori della giuntura del braccio, il quale, come vedi nella figura ab, fa lungo tratto dalla spalla al gomito, essendo l'angolo d'esso gomito minore che retto; e tanto piú cresce quanto tal angolo diminuisce, e tanto piú diminuisce quanto il predetto angolo si fa maggiore. Tanto piú cresce lo spazio dalla spalla al gomito quanto l'angolo della piegatura d'esso gomito si fa minore che retto, e tanto piú diminuisce quanto esso è maggiore che retto.

## DELLA PROPORZIONALITÀ DELLE MEMBRA

Tutte le parti di qualunque animale sieno corrispondenti al suo tutto, cioè che quel che è corto e grosso debba avere ogni membro in sé corto e grosso, e quello che è lungo e sottile abbia le membra lunghe e sottili, ed il mediocre abbia le membra della medesima mediocrità; ed il medesimo intendo aver detto delle piante, le quali non sieno storpiate dall'uomo o dai venti, perché queste rimettono gioventú sopra vecchiezza, e cosí è distrutta la loro naturale proporzionalità.

## DELLA GIUNTURA DELLA MANO COL BRACCIO

La giuntura del braccio con la mano diminuisce nello stringere della mano, ed ingrossa quando la mano si viene ad aprire; il contrario fa il braccio infra il gomito e la mano per tutti i suoi versi; e questo nasce che nell'aprir la mano i muscoli domestici si distendono, ed assottigliano il braccio infra il gomito e la mano, e quando la mano si stringe, i muscoli domestici e silvestri si ritirano ed ingrossano, ma i silvestri soli si discostano dall'osso, per esser tirati dal piegar della mano.

## DELLE GIUNTURE DE' PIEDI, E LORO INGROSSAMENTI E DIMINUZIONI

Solo la diminuzione ed accrescimento della giuntura del piede è fatta nell'aspetto della sua parte silvestre def, la quale cresce quando l'angolo di tal giuntura si fa piú acuto, e tanto diminuisce quanto esso si fa piú ottuso, cioè dalla giuntura dinanzi acb, si parla.

## DELLE MEMBRA CHE DIMINUISCONO QUANDO SI PIEGANO, E CRESCONO QUANDO SI DISTENDONO

Infra le membra che hanno giunture piegabili, solo il ginocchio è quello che nel piegarsi diminuisce la sua grossezza, e nel distendersi ingrossa.

## DELLE MEMBRA CHE INGROSSANO NELLE LORO GIUNTURE QUANDO SI PIEGANO

Tutte le membra dell'uomo ingrossano ne' piegamenti delle loro giunture, eccetto la giuntura della gamba.

## DELLE MEMBRA DEGLI UOMINI IGNUDI

Fra le membra degli uomini ignudi che s'affaticano in diverse azioni, scoprano i loro muscoli quelle sole che sostengono la maggior fatica dell'operazione, e le altre sieno piú o meno pronunziate ne' loro muscoli, secondo che piú o meno s'affaticano.

## DE' MOTI POTENTI DELLE MEMBRA DELL'UOMO

Quel braccio sarà di piú potente e piú lungo moto, il quale, essendosi mosso dal suo naturale sito, avrà piú potente aderenza degli altri membri a ritirarlo nel sito dove esso desidera moversi. Come l'uomo a che muove il braccio col tratto c, e lo porta in contrario sito col moversi con tutta la persona in b.

## DE' MOVIMENTI DELL'UOMO

La somma e principal parte dell'arte è l'invenzione de' componimenti di qualunque cosa; e la seconda parte è de' movimenti che abbiano attenenza alle loro operazioni, le quali sieno fatte con prontitudine, secondo i gradi de' loro operatori, cosí in pigrizia, come in sollecitudine; e che la prontitudine di ferocità sia della somma qualità che si richiede all'operatore di quella. Come quando uno debba gittar dardi, o sassi, od altre simili cose, che la figura dimostri sua somma disposizione in tale azione, della quale qui sono due figure in azione ed in potenza; la prima in valetudine è la figura a, la seconda è il movimento b; ma l' a rimoverà piú da sé la cosa gittata che la b, perché, ancoraché l'una e l'altra mostrino di voler trarre il loro peso ad un medesimo aspetto, l' a avendo volto i piedi ad esso aspetto quando si torce, e si rimove da quello in contrario sito, dove esso apparecchia la disposizione della potenza, esso ritorna con velocità e comodità al sito dove esso lascia uscire il peso dalle sue mani. Ma in questo medesimo caso la figura b, avendo le punte de' piedi volte in contrario sito al luogo dove essa vuol trarre il suo peso, si storce ad esso luogo con grande incomodità, e per conseguenza l'effetto è debole, ed il moto partecipa della sua causa, perché l'apparecchio della forza in ciascun movimento vuol essere con istorcimenti e piegamenti di gran violenza, ed il ritorno sia con agio e comodità, e cosí l'operazione ha buon effetto; perché il balestro che non ha disposizione violenta, il moto del mobile da lui rimosso sarà breve, o nullo; perché dove non è disfazione di violenza non è moto, e dove non è violenza, essa non può essere distrutta; e per questo l'arco che non ha violenza non può far moto se non acquista essa violenza, e nell'acquistarla non la caccia da sé. Cosí l'uomo che non si torce né si piega non ha acquistato potenza. Adunque, quando avrà tratto il suo dardo, si troverà essere storto e debole per quel verso dove esso ha tratto il mobile, ed acquistato una potenza, la quale sol vale a tornare in contrario moto.

## DELL'ATTITUDINE E DE' MOVIMENTI DELLE MEMBRA

Non sieno replicati i medesimi movimenti in una medesima figura nelle sue membra, o mani, o dita: né ancora si replichino le medesime attitudini in una istoria; e se l'istoria fosse grandissima, come una zuffa od uccisione di soldati, dove non è nel dare se non tre modi, cioè una punta, un rovescio e un fendente, in questo caso tu ti hai ad ingegnare che tutti i fendenti sieno fatti in varie vedute, come dire alcuno sia volto indietro, alcuno per lato ed alcuno dinanzi, e cosí tutti gli altri aspetti de' medesimi tre movimenti sieno partecipanti di questi tre movimenti semplici; e per questo dimanderemo tutti gli altri partecipanti d'uno di questi.[1] Ma i moti composti sono nelle battaglie di grande artificio e di grande vivacità e movimento; e sono detti composti quelli che una sola figura ti dimostra le gambe dinanzi,[2] e parte del profilo della spalla. E di questi composti si dirà in altro luogo.

NOTE

[1] L' edizione viennese aggiunge: "moti semplici."
[2] Nell' edizione romana, 1817: "son detti composti quegli che una sola figura ti dimostra, come s'ella si vedrà con le gambe dinanzi," ecc.

## DELLE GIUNTURE DELLE MEMBRA

Delle giunture delle membra e varietà delle loro piegature è da considerare com'è il crescere della carne da un lato e mancare dall'altro; e questo s'ha da ricercare nel collo degli animali, perché i loro moti sono di tre nature, delle quali due ne sono semplici ed uno composto, che partecipa dell'uno e dell'altro semplice; de' quali moti semplici l'uno è quando si piega all'una o all'altra spalla, o quando esso alza o abbassa la testa che sopra gli posa. Il secondo è quando esso collo si torce a destra o a sinistra senza incurvamento, anzi resta dritto, ma avrà il volto inverso una delle spalle. Il terzo moto, che è detto composto, è quando nel piegamento suo si aggiunge il suo torcimento, come quando l'orecchio s'inchina inverso una delle spalle, e il viso si volta inverso la medesima parte, o alla spalla opposta col viso volto al cielo.

## DELLA MEMBRIFICAZIONE DELL'UOMO

Misura in te la proporzione della tua membrificazione, e se la trovi in alcuna parte discordante, notala, e forte ti guarderai di non l'usare nelle figure che per te si compongono, perché questo è comun vizio de' pittori di far cose simili a sé.

## DE' MEMBRI

Tutt'i membri esercitino quell'ufficio al quale furono destinati. Ne' morti o dormienti nessun membro apparisca vivo o desto. Il piede, che riceve il peso dell'uomo, sia schiacciato e non con dita scherzanti, se già non posasse sopra il calcagno.

## DELLE MEMBRIFICAZIONI DEGLI ANIMALI

Sian fatte le membra agli animali convenienti alle loro qualità. Dico che tu non ritragga una gamba di un gentile, o braccio, o altre membra; e le appicchi ad uno grosso di petto o di collo. E che tu non mischi membra di giovani con quelle di vecchi; e non membra prosperose e muscolose con le gentili e fievoli, e non quelle de' maschi con quelle delle femmine.

## DE' MOTI DELLE PARTI DEL VOLTO

I moti delle parti del volto, mediante gli accidenti mentali, sono molti; de' quali i principali sono ridere, piangere, gridare, cantare in diverse voci acute e gravi: ammirazione, ira, letizia, malinconia, paura, doglia di martirio e simili, delle quali si farà menzione. E prima del riso e del pianto, che sono molto simili nella bocca e nelle guancie e serramento d'occhi, ma solo si variano nelle ciglia e loro intervallo; e questo tutto diremo al suo luogo, cioè delle varietà che piglia il volto, le mani e tutta la persona per ciascuno d'essi accidenti de' quali a te, pittore, è necessaria la cognizione, se no la tua arte dimostrerà veramente i corpi due volte morti. Ed ancora ti ricordo che i movimenti non sieno tanto sbalestrati e tanto mossi, che la pace paia battaglia o moresca d'ubriachi, e sopratutto che i circostanti al caso per il quale è fatta la storia sieno intenti a esso caso con atti che mostrino ammirazione, riverenza, dolore, sospetto, paura o gaudio, secondo che richiede il caso per il quale è fatto il congiunto, o vero concorso delle tue figure. E fa che le tue istorie non sieno l'una sopra l'altra in una medesima parete con diversi orizzonti, sicché essa paia una bottega di merciaio con le sue cassette fatte a quadretti.

## DE' MOVIMENTI DELL'UOMO NEL VOLTO

Gli accidenti mentali muovono il volto dell'uomo in diversi modi, de' quali alcuno ride, alcuno piange, altri si rallegra, altri s'attrista, alcuno mostra ira, altri pietà, alcuno si maraviglia, altri si spaventano, altri si dimostrano balordi, altri cogitativi e speculanti. E questi tali accidenti debbono accompagnare le mani col volto, e cosí la persona.

## QUALITÀ D'ARIE DE' VISI

Fa che i visi non sieno di una medesima aria, come ne' piú si vede operare; ma fa diverse arie, secondo le età e complessioni, e nature triste o buone.

## DE' MEMBRI E DESCRIZIONE D'EFFIGIE

Le parti che mettono in mezzo il gobbo del naso si variano in otto modi: 1° cioè o esse sono egualmente dritte, o egualmente concave, o egualmente convesse; 2° ovvero sono disugualmente rette, concave e convesse; 3° ovvero sono nelle parti superiori rette e di sotto concave; 4° ovvero di sopra rette e di sotto convesse; 5° ovvero di sopra concave e di sotto rette; 6° o di sopra concave e di sotto convesse; 7° o di sopra convesse e di sotto rette; 8° o di sopra convesse e di sotto concave.
L'appiccatura del naso col ciglio è di due ragioni, cioè, o che essa è concava, o che essa è dritta.
La fronte ha tre varietà, o ch'essa è piana, o ch'essa è concava, o ch'essa colma; la piana si divide in due parti, cioè, o ch'essa è convessa nella parte di sopra, o nella parte di sotto, ovvero di sopra e di sotto, ovvero piana di sopra e di sotto.

## DEL FARE UN'EFFIGIE UMANA IN PROFILO DOPO AVERLO GUARDATO UNA SOLA VOLTA

In questo caso ti bisogna mettere a mente le varietà de' quattro membri diversi in profilo, come sarebbe naso, bocca, mento e fronte. Diremo prima de' nasi, i quali sono di tre sorta, cioè dritti, concavi e convessi. De' dritti non ve n'è altro che quattro varietà, cioè lunghi, corti, alti con la punta, e bassi. I nasi concavi sono di tre sorta, de' quali alcuni hanno la concavità nella parte superiore, alcuni nel mezzo ed alcuni nella parte inferiore. I nasi convessi ancora si variano in tre modi, cioè alcuni hanno il gobbo nella parte di sopra, alcuni nel mezzo ed altri di sotto; gli sporti che mettono in mezzo il gobbo del naso si variano in tre modi, cioè o sono dritti, o sono concavi, o sono convessi.

## MODO DI TENER A MENTE LA FORMA D'UN VOLTO

Se tu vuoi avere facilità nel tenerti a mente un'aria d'un volto, impara prima a mente di molte teste, occhi, nasi, bocche, menti, gole, colli e spalle. Poniamo caso, i nasi sono di dieci ragioni: dritto, gobbo, cavo, col rilievo piú su o piú giú, che il mezzo, aquilino, pari, simo, tondo ed acuto: questi sono buoni in quanto al profilo. In faccia i nasi sono di undici ragioni: eguale, grosso in mezzo, sottile in mezzo, la punta grossa e sottile nell'appiccatura, sottile nella punta e grosso nell'appiccatura, di larghe narici e di strette, di alte e di basse, di buchi scoperti e di buchi occupati dalla punta. E cosí troverai diversità nelle altre particole, le quali cose tu dêi ritrarre di naturale e metterle a mente; ovvero, quando hai a fare un volto a mente, porta teco un piccolo libretto dove sieno notate simili fazioni, e quando hai dato un'occhiata al volto della persona che vuoi ritrarre, guarderai poi in parte qual naso o bocca se gli assomigli, e gli farai un piccol segno per riconoscerlo poi a casa e metterlo insieme. De' visi mostruosi non parlo, perché senza fatica si tengono a mente.

## DELLA BELLEZZA DE' VOLTI

Non si facciano muscoli con aspra definizione, ma i dolci lumi finiscano insensibilmente nelle piacevoli e dilettevoli ombre, e di questo nasce grazia e formosità.

## DI FISONOMIA E CHIROMANZIA

Della fallace fisonomia e chiromanzia non mi estenderò, perché in esse non è verità; e questo si manifesta perché tali chimere non hanno fondamenti scientifici. Vero è che i segni de' volti mostrano in parte la natura degli uomini, i loro vizi e complessioni; ma nel volto i segni che separano le guancie dai labbri della bocca, e le nari del naso e le casse degli occhi sono evidenti, se sono uomini allegri e spesso ridenti; e quelli che poco li segnano sono uomini operatori della cogitazione; e quelli che hanno le parti del viso di gran rilievo e profondità sono uomini bestiali ed iracondi, con poca ragione; e quelli che hanno le linee interposte infra le ciglia forte evidenti sono iracondi, e quelli che hanno le linee trasversali della fronte forte lineate sono uomini copiosi di lamentazioni occulte e palesi. E cosí si può dire di molte parti. Ma della mano tu troverai grandissimi eserciti esser morti in una medesima ora di coltello, che nessun segno della mano è simile l'uno all'altro, e cosí in un naufragio.

## DEL PORRE LE MEMBRA

Le membra che durano fatica le farai muscolose, e quelle che non s'adoprano le farai senza muscoli e dolci.

## DEGLI ATTI DELLE FIGURE

Farai le figure in tale atto, il quale sia sufficiente a dimostrare quello che la figura ha nell'animo; altrimenti la tua arte non sarà laudabile.

## DELL'ATTITUDINE

La fontanella della gola cade sopra il piede, e, gittando un braccio innanzi, la fontanella esce d'esso piede; e se la gamba gitta indietro, la fontanella va innanzi, e cosí si muta in ogni attitudine.

## DE' MOVIMENTI DELLE MEMBRA, QUANDO SI FIGURA L'UOMO, CHE SIENO ATTI PROPRI

Quella figura, il movimento della quale non è compagno dell'accidente ch'è finto essere nella mente di essa, mostra le membra non essere obbedienti al giudizio della detta figura, e il giudizio dell'operatore essere di poca valetudine.

## OGNI MOTO DELLA FIGURA FINTA DEV'ESSERE FATTO IN MODO CHE MOSTRI EFFETTO

Quel movimento ch'è finto essere appropriato all'accidente mentale, ch'è nella figura, dev'esser fatto di gran prontitudine, e che mostri in essa grande affezione e fervore; altrimenti tal figura sarà detta due volte morta, com'è morta perché essa è finta, e morta un'altra volta quando essa non dimostra moto né di mente né di corpo.

## DE' MOTI PROPRI DIMOSTRATORI DEL MOTO DELLA MENTE DEL MOTORE

I moti ed attitudini delle figure vogliono dimostrare il proprio accidente mentale dell'operatore di tali moti in modo che nessun'altra cosa possano significare.

## DE' MOTI PROPRI OPERATI DA UOMINI DI DIVERSE ETÀ

I moti propri saranno di tanto maggiore o minor prontitudine e dignità, secondo l'età, prosperità o dignità dell'operatore di tal moto; cioè i moti di un vecchio o quelli di un fanciullo non saranno pronti come quelli di un garzone fatto, ed ancora i moti di un re od altra dignità devono essere di maggiore gravità e reverenza, che quelli di un facchino od altro vil uomo.

## DE' MOVIMENTI DELL'UOMO E D'ALTRI ANIMALI

I movimenti dell'uomo sopra un medesimo accidente sono infinitamente varí in se medesimi. Provasi cosí: sia che uno dia una percussione sopra qualche obietto; dico che tale percussione è in due disposizioni, cioè, o ch'egli è in alzare la cosa, che deve discendere alla creazione della percussione, o ch'egli è nel moto, che discende. O sia l'uno, o sia l'altro modo, qui non si negherà che il moto non sia fatto in ispazio, e che lo spazio non sia quantità continua, e che ogni quantità continua non sia divisibile in infinito. Adunque è concluso: ogni moto della cosa che discende è variabile in infinito.

## DI UN MEDESIMO ATTO VEDUTO DA VARÎ SITI

Una medesima attitudine si dimostrerà variata in infinito, perché da infiniti luoghi può esser veduta; i quali luoghi hanno quantità continua, e la quantità continua è divisibile in infinito. Adunque infinitamente varî siti mostrano ogni azione umana in se medesima.

## DELLA MEMBRIFICAZIONE DE' NUDI E LORO OPERAZIONI

Le membra degl'ignudi debbono essere piú o meno evidenti negli scoprimenti de' muscoli, secondo la maggiore o minor fatica de' detti membri.

## DEGLI SCOPRIMENTI O COPRIMENTI DE' MUSCOLI DI CIASCUN MEMBRO NELLE ATTITUDINI DEGLI ANIMALI

Ricordo a te, pittore, che ne' movimenti che tu fingi esser fatti dalle tue figure tu scopra quei muscoli, i quali soli si adoprano nel moto ed azione della tua figura; e quel muscolo che in tal caso è piú adoperato, piú si manifesti, e quello ch'è meno adoperato, meno si spedisca; e quello che nulla adopera, resti lento e molle e con poca dimostrazione. E per questo ti persuado a intendere la notomia de' muscoli, corde ed ossi, senza la qual notizia poco farai. E se tu ritrarrai di naturale, forse quello che tu eleggi mancherà di buoni muscoli in quell'atto che tu vuoi che faccia; ma sempre non avrai comodità di buoni nudi, né sempre li potrai ritrarre; meglio è per te e piú utile avere in pratica ed a mente tal varietà.

## DE' MOVIMENTI DELL'UOMO ED ALTRI ANIMALI

I moti degli animali sono di due specie, cioè moto locale e moto azionale. Il moto locale è quando l'animale si muove da luogo a luogo; e il moto azionale è il moto che fa l'animale in se medesimo senza mutazione di luogo. Il moto locale è di tre specie, cioè salire, discendere ed andare per luogo piano. A questi tre se ne aggiungono due, cioè tardo e veloce, e due altri, cioè il moto retto ed il tortuoso, ed un altro appresso, cioè il saltare. Ma il moto azionale è in infinito insieme colle infinite operazioni, le quali non senza suo danno spesse volte si procaccia l'uomo. I moti sono di tre specie, cioè locale, azionale semplice, ed il terzo è moto composto d'azionale col locale. Tardità e velocità non si debbono connumerare ne' moti locali, ma negli accidenti di essi moti. Infiniti sono i moti composti, perché in quelli è ballare, schermire, giuocolare, seminare, arare, remare; ma questo remare è di semplici azionali, perché il moto azionale fatto dall'uomo nel remare non si mischia col locale mediante il moto dell'uomo, ma mediante il moto della barca.

## DEL MOTO E CORSO DELL'UOMO ED ALTRI ANIMALI

Quando l'uomo od altro animale si muove con velocità o tardità, sempre quella parte che è sopra la gamba che sostiene il corpo sarà piú bassa che la parte opposta.

## QUANDO È MAGGIOR DIFFERENZA D'ALTEZZA DELLE SPALLE DELL'UOMO NELLE SUE AZIONI

Quelle spalle o lati dell'uomo o d'altro animale avranno infra loro maggior differenza nell'altezza, delle quali il loro tutto sarà di piú tardo moto; seguita il contrario, cioè che quelle parti degli animali avranno minor differenza nelle loro altezze, delle quali il loro tutto sarà di piú veloce moto; e questo si prova per la nona del moto locale, dove dice: ogni grave pesa per la linea del suo moto; adunque, movendosi il tutto verso alcun luogo, la parte a quello unita seguita la linea brevissima del moto del suo tutto, senza dar di sé peso nelle parti laterali d'esso tutto.

## RISPOSTA CONTRA

Dice l'avversario, in quanto alla prima parte di sopra, non esser necessario che l'uomo che sta fermo, o che cammina con tardo moto, usi di continuo la predetta ponderazione delle membra sopra il centro della gravità che sostiene il peso del tutto, perché molte volte l'uomo non usa né osserva tal regola, anzi fa tutto il contrario, conciossiaché alcuna volta esso si piega lateralmente, stando sopra un sol piede, alcuna volta scarica parte del suo peso sopra la gamba che non è retta, cioè quella che si piega nel ginocchio, come si mostra nelle due figure b c. Rispondesi che quel che non è fatto dalle spalle nella figura c è fatto nel fianco, come sarà dimostrato a suo luogo.

## COME IL BRACCIO RACCOLTO MUTA TUTTO L'UOMO DALLA SUA PRIMA PONDERAZIONE QUANDO ESSO BRACCIO S'ESTENDE

L'estensione del braccio raccolto muove tutta la ponderazione dell'uomo sopra il suo piede, sostentacolo del tutto, come si mostra in chi va con le braccia aperte sopra la corda senz'altro bastone.

## DELL'UOMO ED ALTRI ANIMALI CHE NEL MUOVERSI CON TARDITÀ NON HANNO IL CENTRO DELLA GRAVITÀ TROPPO REMOTO DAL CENTRO DE' SOSTENTACOLI

Quell'animale avrà il centro delle gambe suoi sostentacoli tanto piú vicino al perpendicolo del centro della gravità, il quale sarà di piú tardi movimenti, e cosí di converso, quello avrà il centro de' sostentacoli piú remoto dal perpendicolo del centro della gravità sua, il quale sarà di piú veloce moto.

## DELL'UOMO CHE PORTA UN PESO SOPRA LE SPALLE

Sempre la spalla dell'uomo che sostiene il peso è piú alta che la spalla senza peso; e questo si dimostra nella figura posta in margine, per la quale passa la linea centrale di tutto il peso dell'uomo e del peso da lui portato: il qual peso composto se non fosse diviso con egual somma sopra il centro della gamba che posa, sarebbe necessità che tutto il composto rovinasse; ma la necessità provvede che tanta parte del peso naturale dell'uomo si gitti in un de' lati, quanta è la quantità del peso accidentale che si aggiunge dall'opposito lato; e questo far non si può se l'uomo non si piega e non s'abbassa dal lato suo piú lieve con tanto piegamento che partecipi del peso accidentale da lui portato: e questo far non si può se la spalla del peso non si alza e la spalla lieve non s'abbassa: questo è il mezzo che l'artificiosa necessità ha trovato in tale azione.

## DELLA PONDERAZIONE DELL'UOMO SOPRA I SUOI PIEDI

Sempre il peso dell'uomo che posa sopra una sola gamba sarà diviso con egual parte opposta sopra il centro della gravità ch'e' sostiene.

## DELL'UOMO CHE SI MUOVE

L'uomo che si muove avrà il centro della sua gravità sopra il centro della gamba che posa in terra.

## DELLA BILICAZIONE DEL PESO DI QUALUNQUE ANIMALE IMMOBILE SOPRA LE SUE GAMBE

La privazione del moto di qualunque animale, il quale posa sopra i suoi piedi, nasce dalla privazione dell'inegualità che hanno infra loro gli opposti pesi che si sostengono sopra i loro piedi.

## DE' PIEGAMENTI E VOLTAMENTI DELL'UOMO

Tanto diminuisce l'uomo nel piegamento dell'uno de' suoi lati, quanto egli cresce nell'altro suo lato opposto, e tal piegatura sarà all'ultimo subdupla alla parte che si stende. E di questo si farà particolare trattato.

## DE' PIEGAMENTI

Tanto quanto l'uno de' lati de' membri piegabili si farà, piú lungo, tanto la sua parte opposita sarà diminuita. La linea centrale estrinseca de' lati che non si piegano, de' membri piegabili, mai diminuisce o cresce di sua lunghezza.

## DELLA EQUIPONDERANZA

Sempre la figura che sostiene peso fuor di sé e della linea centrale della sua quantità, deve gittar tanto peso naturale od accidentale dall'opposita parte, che faccia equiponderanza de' pesi intorno alla linea centrale che si parte dal centro della parte del piè che si posa, e passa per tutta la soma del peso sopra essa parte de' piedi in terra posata. Vedesi naturalmente uno che piglia un peso dall'uno de' bracci gittar fuori di sé il braccio opposto; e se quello non basta a far l'equiponderanza, vi porge tanto di peso di se medesimo piegandosi, che si fa sufficiente a resistere all'applicato peso. Si vede ancora in uno che sia per cadere riverso su l'uno de' suoi lati laterali, che sempre getta fuori il braccio dall'opposita parte.

## DEL MOTO UMANO

Quando tu vuoi fare l'uomo motore d'alcun peso, considera che i moti debbono esser fatti per diverse linee, cioè o di basso o in alto con semplice moto, come fa quello che chinandosi piglia il peso che rizzandosi vuole alzare, o quando vuole strascinarsi alcuna cosa dietro, ovvero spingere innanzi, o vuol tirare in basso con corda che passa per carrucola. Qui si ricorda che il peso dell'uomo tira tanto quanto il centro della gravità sua è fuori del centro del suo sostentacolo; a questo s'aggiunge la forza che fanno le gambe e la schiena piegate nel suo rizzarsi.
Ma non si scende o sale, né mai si cammina per nessuna linea, che il piè di dietro non alzi il calcagno.

## DEL MOTO CREATO DALLA DISTRUZIONE DEL BILICO

Il moto è creato dalla distruzione del bilico, cioè dalla inegualità, imperocché nessuna cosa per sé si muove che non esca dal suo bilico, e quella si fa piú veloce, che piú si rimuove dal detto suo bilico.

## DEL BILICO DELLE FIGURE

Se la figura posa sopra uno de' suoi piedi, la spalla di quel lato che posa sarà sempre piú bassa che l'altra, e la fontanella della gola sarà sopra il mezzo della gamba che posa. Il medesimo accadrà per qualunque linea noi vedremo essa figura, essendo senza braccia sportanti non molto fuori della figura, o senza peso addosso, o in mano, o in ispalla, o sportamento della gamba che non posa innanzi o indietro.

## DELLA GRAZIA DELLE MEMBRA

Le membra col corpo debbono essere accomodate con grazia al proposito dell'effetto che tu vuoi che faccia la figura; e se tu vuoi fare figura che mostri in sé leggiadria, devi far membri gentili e distesi, senza dimostrazione di troppi muscoli, e quei pochi che al proposito farai dimostrare, falli dolci, cioè di poca evidenza, con ombre non tinte, e le membra, e massimamente le braccia, disnodate, cioè che nessun membro stia in linea dritta col membro che si aggiunge seco. E se il fianco, polo dell'uomo, si trova, per lo posare fatto, che il destro sia piú alto del sinistro, farai la giuntura della spalla superiore piovere per linea perpendicolare sopra il piú eminente oggetto del fianco, e sia essa spalla destra piú bassa della sinistra, e la fontanella sia sempre superiore al mezzo della giuntura del piè di sopra che posa; e la gamba che non posa abbia il suo ginocchio piú basso che l'altro e presso all'altra gamba.

Le attitudini della testa e braccia sono infinite, però non mi estenderò in darne alcuna regola. Pure dirò che esse sieno facili e grate con varî storcimenti, e di unire con le menti le giunture che vi son date, acciò non paiano pezzi di legno.

## DELLA COMODITÀ DELLE MEMBRA

In quanto alla comodità di esse membra, avrai a considerare che quando tu vuoi figurare uno che per qualche accidente si abbia a voltare indietro, o per canto, che tu non faccia muovere i piedi e tutte le membra in quella parte dove volta la testa, anzi, farai operare con partire esso svolgimento in quattro giunture, cioè quella del piede, del ginocchio, del fianco e del collo; e se poserà sulla gamba destra, farai il ginocchio della sinistra piegare indietro, ed il suo piede sia elevato alquanto di fuori, e la spalla sinistra sia alquanto piú bassa che la destra, e la nuca si scontri nel medesimo luogo dove è volta la noce di fuori del piè sinistro, e la spalla sinistra sarà sopra la punta del piè destro per perpendicolar linea. E sempre usa, che dove le figure hanno volta la testa non vi si volta il petto, che la natura per nostra comodità ci ha fatto il collo, che con facilità può servire a diverse bande, volendo l'occhio voltarsi in varî siti, ed a questo medesimo sono in parte obbedienti le altre giunture. E se fai l'uomo a sedere, e che le sue braccia s'avessero in qualche modo ad adoperare in qualche cosa traversa, fa che il petto si volga sopra la giuntura del fianco.

## D'UNA FIGURA SOLA FUORI DELL'ISTORIA

Ancora non replicare le membra ad un medesimo moto alla figura, la quale tu fingi esser sola, cioè che se la figura mostra di correr sola, che tu non le faccia tutte due le mani innanzi, ma una innanzi e l'altra indietro, perché altrimenti non può correre; e se il piè destro è innanzi, che il braccio destro sia indietro ed il sinistro innanzi; perché senza tal disposizione non si può correr bene. E se farai uno che sega,[1] che abbia una gamba che si gitti alquanto innanzi, e fa che l'altra ritorni sotto la testa ed il braccio superiore scambi il moto e vada innanzi; e cosí di questo si dirà appieno nel libro de' movimenti.

## NOTE

[1] Cosí il codice L'edizione viennese propone di dire: "uno che segga"; l'edizione romana, 1817, ha: "uno che lo seguiti."

## QUALI SONO LE PRINCIPALI IMPORTANZE CHE APPARTENGONO ALLA FIGURA

Fra le principali cose importanti che si richiedono nelle figurazioni degli animali, è situar bene la testa sopra le spalle, il busto sopra i fianchi, ed i fianchi e le spalle sopra i piedi.

## DEL BILICARE IL PESO INTORNO AL CENTRO DELLA GRAVITÀ DE' CORPI

La figura che senza moto sopra i suoi piedi si sostiene, darà di sé eguali pesi opposti intorno al centro del suo sostentacolo. Dico, che se la figura senza moto sarà posta sopra i suoi piedi, se gitta un braccio innanzi al suo petto, essa deve gittar tanto peso naturale indietro quanto ne gitta del naturale ed accidentale innanzi. Ed il medesimo dico di ciascuna parte che sporta fuori del suo tutto oltre il solito.

## DELLE FIGURE CHE HANNO A MANEGGIARE O PORTAR PESI

Mai si leverà o porterà peso dell'uomo, ch'e' non mandi di sé piú di altrettanto peso che quello che vuole levare, e lo porti in opposita parte a quella donde esso leva il detto peso.

## DELLE ATTITUDINI DEGLI UOMINI

Sieno le attitudini degli uomini con le loro membra in tal modo disposte, che con quelle si dimostri l'intenzione del loro animo.

## VARIETÀ D'ATTITUDINI

Si pronunzino gli atti degli uomini secondo le loro età e dignità, e si variino secondo le specie, cioè de' maschi e delle femmine.

## DELLE ATTITUDINI DELLE FIGURE

Dico che il pittore deve notare negli uomini le attitudini ed i moti nati da qualunque accidente immediate; siano notati o messi nella mente, e non aspettar che l'atto del piangere sia fatto fare a uno in prova senza gran causa di pianto, e poi ritrarlo, perché tale atto, non nascendo dal vero caso, non sarà né pronto né naturale; ma è ben buono averlo prima notato dal caso naturale, e poi far stare uno in quell'atto per vedere alcuna parte al proposito o poi ritrarlo.

## DELL'ATTENZIONE DE' CIRCOSTANTI AD UN CASO NOTANDO

Tutt'i circostanti di qualunque caso degno d'essere notato stanno con diversi atti ammirativi a considerare esso atto, come quando la giustizia punisce i malfattori; e se il caso è di cosa devota, tutt'i circostanti drizzino gli occhi con diversi atti di devozione a esso caso, come il mostrare l'ostia nel sagrificio, e simili; e s'egli è caso degno di riso o di pianto, in questo non è necessario che tutt'i circostanti voltino gli occhi ad esso caso, ma con diversi movimenti, e che gran parte di quelli si rallegrino o si dolgano insieme; e se il caso è pauroso, i visi spaventati di quelli che fuggono facciano gran dimostrazione di timore e di fuga, con varî movimenti, come si dirà nel quarto libro de' moti.

## QUALITÀ DE' NUDI

Non far mai una figura che abbia del sottile con muscoli di troppo rilievo;

imperocché gli uomini sottili non hanno mai troppa carne sopra le ossa, ma sono sottili per la carestia di carne, e dove è poca carne non può esser grossezza di muscoli.

## COME I MUSCOLI SONO CORTI E GROSSI

I muscolosi[1] hanno grosse le ossa, e sono uomini grossi e corti, ed hanno carestia di grasso, imperocché le carnosità de' muscoli per il loro accrescimento si restringono insieme, ed il grasso che infra loro si suole interporre non ha luogo, ed i muscoli in tali magri essendo in stretti contatti infra loro e non potendosi dilatare, crescono in grossezza, e piú crescono in quella parte che è piú remota da' loro estremi, cioè inverso il mezzo della loro larghezza e lunghezza.

## NOTE

[1] Nel testo di riferimento è riportato "I muscoli hanno grosse le ossa"

## COME I GRASSI NON HANNO GROSSI MUSCOLI

Ancoraché i grassi sieno in sé corti e grossi, come gli anzidetti muscolosi, essi hanno sottili muscoli, ma la loro pelle veste molta grassezza spugnosa e vana, cioè piena d'aria; e però essi grassi si sostengono piú sopra l'acqua che non fanno i muscolosi, che hanno la pelle ripiena ed entro ad essa minor quantità d'aria.

## QUALI SONO I MUSCOLI CHE SPARISCONO NE' MOVIMENTI DIVERSI DELL'UOMO

Nell'alzare ed abbassare delle braccia le poppe spariscono, od esse si fanno di piú rilievo: il simile fanno i rilievi de' fianchi nel piegarsi in fuori o in dentro nei loro fianchi; e le spalle fanno piú varietà, e i fianchi, ed il collo, che nessun'altra giuntura, perché hanno i moti piú variabili; e di questo si farà un libro particolare.

## DE' MUSCOLI

I membri non debbono aver nella gioventú pronunziazione di muscoli, perché ciò è segno di fortezza attempata, e ne' giovanetti non è né tempo, né matura fortezza. Sieno i sentimenti delle membra pronunziati piú o meno evidenti, secondo che piú o meno saranno affaticati. Sempre saranno piú evidenti i muscoli di quelle membra che saranno in maggior fatica esercitati. Quei muscoli saranno manco scolpiti nelle membra, che saranno da minor fatica esercitati. Mai le linee centrali intrinseche de' membri che si piegano stanno nella loro naturale lunghezza. I muscoli grossi e lati sieno fatti ai potenti con le membra concorrenti a tale disposizione.

## DI NON FAR TUTTI I MUSCOLI ALLE FIGURE, SE NON SONO DI GRAN FATICA

Non voler fare evidenti tutt'i muscoli alle tue figure, perché ancora ch'essi sieno ai loro siti, e' non si fanno di grande evidenza, se le membra dov'essi son situati non sono in grande forza o fatica, e le membra che restano senza esercizio siano senza dimostrazione di muscoli. E se altrimenti farai, piuttosto un sacco di noci che figura umana avrai imitato.

## DE' MUSCOLI DEGLI ANIMALI

Le concavità interposte infra i muscoli non debbono essere di qualità, che la pelle paia che vesta due bastoni posti in comune loro contatto, né ancora che paiano due bastoni alquanto rimossi da tal contatto, e che la pelle penda in vano con curvità lunga com'è f, ma che sia, com'è i, posata sopra il grasso spugnoso interposto negli angoli, com'è l'angolo mno, il quale angolo nasce dal fine del contatto de' muscoli; e perché la pelle non può discendere in tale angolo, la natura ha riempiuto tale angolo di piccola quantità di grasso spugnoso, o vuo' dire vescicoso, con vesciche minute piene d'aria, la quale in sé si condensa o si rarefà, secondo l'accrescimento o rarefazione della sostanza de' muscoli.[1]

## NOTE

[1] Una nota del codice avverte che: "manca il fine" di questo paragrafo.

## CHE IL NUDO FIGURATO CON GRAND'EVIDENZA DI MUSCOLI SARÀ SENZA MOTO

Il nudo figurato con grand'evidenza di tutti i suoi muscoli sarà senza moto, perché non si può muovere se una parte de' muscoli non si allenta, quando gli opposti muscoli tirano; e quelli che allentano mancano della loro dimostrazione, e quelli che tirano si scoprono forte e fannosi evidenti.

## CHE LE FIGURE IGNUDE NON DEBBONO AVER I LORO MUSCOLI RICERCATI AFFATTO

Le figure ignude non debbono essere ricercate integralmente con tutti i loro muscoli, perché riescono difficili e sgraziate. Tu hai ad intendere tutti i muscoli dell'uomo, e quelli pronunziare con poca evidenza dove l'uomo non si affatica nelle sue parti. Quel membro che sarà piú affaticato sarà quello che piú dimostrerà i suoi muscoli. Per quell'aspetto che il membro si volta alla sua operazione, per quel medesimo saranno i suoi muscoli piú spesso pronunziati. Il muscolo in sé pronunzia spesso le sue particole mediante l'operazione, in modo che senza tale operazione in esso prima non si dimostravano.

## CHE QUELLI CHE COMPONGONO GRASSEZZA AUMENTANO ASSAI DI FORZA DOPO LA PRIMA GIOVENTÚ

Quelli che compongono grassezza aumentano assai di forza dopo la prima gioventú, perché la pelle sempre sta tirata sopra i muscoli. Ma questi non son troppo destri ed agili ne' loro movimenti, e perché tal pelle sta tirata, essi sono di gran potenza universale infusa per tutte le membra; e di qui nasce che chi manca della disposizione della predetta pelle si aiuta col portare strette le vestimenta sopra le sue membra e serrasi con diverse legature, acciocché nella condensazione de' muscoli essi abbiano dove potere spingersi ed appoggiarsi. Ma quando i grassi vengono ad ismagrirsi, molto s'indeboliscono, perché la sgonfiata pelle resta vizza e grinzosa; e non trovando i muscoli dove appoggiarsi, non si possono condensare né farsi duri, onde restano di piccola potenza. La mediocre grassezza non mai sgonfiata per alcuna malattia fa che la pelle sta tirata sopra i muscoli, e questi mostrano pochi sentimenti nella superficie de' loro corpi.

## COME LA NATURA ATTENDE OCCULTARE LE OSSA NEGLI ANIMALI QUANTO PUÒ LA NECESSITÀ DE' MEMBRI LORO

La natura intende occultare le ossa negli animali quanto può la necessità dei membri loro, e questo fa piú in un corpo che in un altro. Farà piú ne' corpi dov'essa non è impedita, che dov'è impedita. Adunque nel fiore della gioventú la pelle è tirata e stesa quanto essa può, essendo posta l'altezza de' corpi che non hanno ad esser grossi o corpulenti; dipoi per l'operazione delle membra la pelle cresce sopra la piegatura delle giunture, e cosí stando poi le membra distese, la pelle cresciuta sopra le giunture s'aggrinza; dipoi nel crescere in età i muscoli s'assottigliano, e la pelle che li veste viene a crescere ed empirsi di grinze, ed a cascare e separarsi dai muscoli per gli umori interposti infra i muscoli e la pelle; e le ramificazioni de' nervi, che collegano la pelle co' muscoli, e le danno il sentimento, si vengono a spogliare delle parti de' muscoli che li vestivano, ed in luogo di essi muscoli sono circondati da tristi umori; e per questo sono mal nutriti inabbondantemente; onde tal membrificazione, tra pel continuo peso della pelle e pel grande umore, si viene ad allungare e discostare la pelle dai muscoli e dalle ossa, e comporre diversi sacchi pieni di rappe e di grinze.

## COM'È NECESSARIO AL PITTORE SAPERE LA NOTOMIA

Necessaria cosa è al pittore, per essere buon membrificatore nelle attitudini e gesti che fare si possono per i nudi, di sapere la notomia di nervi, ossa, muscoli e lacerti, per sapere ne' diversi movimenti e forze qual nervo o muscolo è di tal movimento cagione; e solo far quelli evidenti e questi ingrossati, e non gli altri per tutto, come molti fanno, che per parere gran disegnatori fanno i loro nudi legnosi e senza grazia, che paiono a vederli un sacco di noci piú che superficie umana, ovvero un fascio di ravani, piuttosto che muscolosi nudi.

## DELL'ALLARGAMENTO E RACCORCIAMENTO DE' MUSCOLI

Il muscolo della coscia di dietro fa maggior varietà nella sua estensione ed attrazione che nessun altro muscolo che sia nell'uomo; il secondo è quello che compone la natica; il terzo è quello della schiena; il quarto è quello della gola; il quinto è quello delle spalle; il sesto è quello dello stomaco, che nasce sotto il pomo granato e termina nel pettignone, come si dirà di tutti.

## DOVE SI TROVA CORDA NEGLI UOMINI SENZA MUSCOLI

Dove il braccio termina con la palma della mano presso a quattro dita, si trova una corda, la maggiore che sia nell'uomo, la quale è senza muscolo, e nasce nel mezzo dell'uno de' fucili del braccio, e termina nel mezzo dell'altro fucile, ed ha figura quadrata, ed è larga circa tre dita e grossa mezzo dito; e questa serve solo a tenere insieme stretti i due detti fucili del braccio, acciò non si dilatino.

## DEGLI OTTO PEZZI CHE NASCONO NEL MEZZO DELLE CORDE IN VARIE GIUNTURE DELL'UOMO

Nascono nelle giunture dell'uomo alcuni pezzi d'osso, i quali sono stabili nel mezzo delle corde che legano alcune giunture, come le rotelle delle ginocchia e quelle delle spalle, de' petti de' piedi, i quali sono in tutto otto, ché ve n'è una per spalla ed una per ginocchio, e due per ciascun piede sotto la prima giuntura de' diti grossi verso il calcagno; e questi si fanno durissimi verso la vecchiezza dell'uomo.

## DEL MUSCOLO CHE È INFRA IL POMO GRANATO ED IL PETTIGNONE

Nasce un muscolo presso il pomo granato e termina nel pettignone, il qual muscolo è di tre potenze, perché è diviso nella sua lunghezza da tre corde, cioè, prima il muscolo superiore, poi una corda larga come esso muscolo, poi seguita il secondo muscolo piú basso di questo, al quale si congiunge la seconda corda; alfine seguita il terzo muscolo con la terza corda, la qual corda è congiunta all'osso del pettine; e queste tre riprese di tre muscoli con tre corde sono fatte dalla natura per il gran moto che ha l'uomo nel suo piegarsi e distendersi con simile muscolo, il quale, se fosse d'un pezzo, farebbe troppa varietà nel suo dilatarsi e restringersi, nel piegarsi e distendersi dell'uomo e fa maggior bellezza nell'uomo aver poca varietà di tal muscolo nelle sue azioni, imperocché se il muscolo si ha da distendere nove dita, ed altrettante poi ritirarsi, ne tocca tre dita per ciascun muscolo, le quali fanno poca varietà nella loro figura e poco deformano la bellezza del corpo.

## DELL'ULTIMO SVOLTAMENTO CHE PUÒ FAR L'UOMO NEL VEDERSI A DIETRO

L'ultimo svoltamento dell'uomo sarà nel dimostrarsi le calcagne in faccia,[1] ed il viso in faccia; ma questo non si farà senza difficoltà, se non si piega la gamba ed abbassisi[2] la spalla che guarda la nuca; e la causa di tale svoltamento sarà dimostrata nella notomia, e quali muscoli primi ed ultimi si muovano.

## NOTE

[1] Nell'edizione romana, 1817: "indietro."
[2] L'edizione viennese, ricostruendo, sulle tracce del Poussin, la figura in modo da renderla piú corrispondente alla dizione del codice, propone la variante: "alzisi".

## QUANTO SI PUÒ AVVICINARE L'UN BRACCIO CON L'ALTRO DI DIETRO

Delle braccia che si mandano di dietro, le gomita non si faranno mai piú vicine, che le piú lunghe dita passino le gomita dell'opposta mano, cioè che l'ultima vicinità che aver possano le gomita dietro alle reni sarà quanto è lo spazio che è dal suo gomito all'estremo del maggior dito della mano. Queste braccia fanno un quadrato perfetto.

## QUANTO SI POSSANO TRAVERSARE LE BRACCIA SOPRA IL PETTO, E CHE LE GOMITA VENGANO NEL MEZZO DEL PETTO

Queste gomita con le spalle e le braccia fanno un triangolo equilatero.

## DELL'APPARECCHIO DELLA FORZA NELL'UOMO CHE VUOL GENERARE GRAN PERCUSSIONE

Quando l'uomo si dispone alla creazione del moto con la forza, esso si piega e torce quanto può nel moto contrario a quello dove vuol generare la percussione, e quivi s'apparecchia nella forza che a lui è possibile, la quale poi congiunge e lascia sopra della cosa da lui percossa con moto decomposto.

## DELLA FORZA COMPOSTA DALL'UOMO, E PRIMA SI DIRÀ DELLE BRACCIA

I muscoli che muovono il maggior fucile del braccio nell'estensione e retrazione del braccio, nascono circa il mezzo dell'osso detto adiutorio, l'uno dietro all'altro; di dietro è nato quello che estende il braccio, e dinanzi quello che lo piega.

Se l'uomo è piú potente nel tirare che nello spingere, provasi per la nona de ponderibus, dove dice: infra i pesi di egual potenza, quello si dimostrerà piú potente, che sarà piú remoto dal polo della loro bilancia. Ne segue perciò che essendo nb muscolo e nc muscolo di potenza infra loro eguali, il muscolo dinanzi, nc, è piú potente che il muscolo di dietro, nb, perché esso è fermo nel braccio in c, sito piú remoto dal polo del gomito a, che non è b, il quale è di là da esso polo, e cosí è concluso l'intento. Ma questa è forza semplice e non composta, come ci si propone di trattare, e dovemmo metter questa innanzi. Ma la forza composta sarà quella che, facendosi un'operazione con le braccia, vi s'aggiunge una seconda potenza del peso della persona e delle gambe, come nel tirare e nello spingere, che oltre alla potenza delle braccia vi s'aggiunge il peso della persona, e la forza della schiena e delle gambe, la quale è nel voler distendersi; come sarebbe di due ad una colonna, che uno la spingesse e l'altro la tirasse.

## QUALE È MAGGIOR POTENZA NELL'UOMO, QUELLA DEL TIRARE O QUELLA DELLO SPINGERE

Molto maggior potenza ha l'uomo nel tirare che nello spingere, perché nel tirare vi si aggiunge la potenza de' muscoli delle braccia che sono creati solo al tirare, e non allo spingere, perché quando il braccio è dritto, i muscoli che muovono il gomito non possono avere alcuna azione nello spingere piú che si avesse l'uomo appoggiando la spalla alla cosa che egli vuole rimuovere dal suo sito, nella quale solo s'adoprano i nervi che drizzano la schiena incurvata, e quelli che drizzano la gamba piegata, e stanno sotto la coscia e nella polpa dietro alla gamba. E cosí è concluso al tirare aggiungersi la potenza delle braccia, e la potente estensione della schiena e delle gambe, insieme col peso dell'uomo nella qualità che richiede la sua obliquità; ed allo spingere concorre il medesimo, mancandogli la potenza delle braccia, perché tanto è a spingere con un braccio dritto senza moto, come è avere interposto un pezzo di legno fra la spalla e la cosa che si sospinge.

## DELLE MEMBRA CHE PIEGANO, E CHE OFFICIO FA LA CARNE CHE LE VESTE IN ESSI PIEGAMENTI

La carne che veste le giunture delle ossa, e le altre parti ad esse vicine, crescono e diminuiscono nelle loro grossezze secondo il piegamento o estensione delle predette membra, cioè crescono dalla parte di dentro dell'angolo che si genera ne' piegamenti de' membri e s'assottigliano e si estendono dalla parte di fuori dell'angolo esteriore; ed il mezzo che s'interpone fra l'angolo convesso ed il concavo partecipa di tale accrescimento o diminuzione, ma tanto piú o meno quanto le parti sono piú vicine o remote dagli angoli delle dette giunture piegate.

## DEL VOLTARE LA GAMBA SENZA LA COSCIA

Impossibile è il voltar la gamba dal ginocchio in giú senza voltare la coscia con altrettanto moto, e questo nasce perché la giuntura dell'osso del ginocchio ha il contatto dell'osso della coscia internato e commesso con l'osso della gamba, e solo si può muovere tal giuntura innanzi o indietro, nel modo che richiede il camminare e l'inginocchiarsi; ma non si può mai muovere da quella lateralmente, perché i contatti che compongono la giuntura del ginocchio non lo comportano; imperocché se tal giuntura fosse piegabile e voltabile, come l'ossa dell'adiutorio che si commette nella spalla, e come quello della coscia che si commette nelle anche, l'uomo avrebbe sempre piegabili cosí le gambe per i loro lati come dalla parte dinanzi alla parte di dietro, e sempre tali gambe sarebbero torte; ed ancora tal giuntura non può preterire la rettitudine della gamba, ed è solo piegabile innanzi e non indietro, perché se si piegasse indietro, l'uomo non si potrebbe levare in piedi quando fosse inginocchiato, perché nel levarsi di ginocchioni, delle due ginocchia prima si dà il carico del busto sopra l'uno de' ginocchi e scaricasi il peso dell'altro, ed in quel tempo l'altra gamba non sente altro peso che di se medesima, onde con facilità leva il ginocchio da terra, e mette la pianta del piede tutta posata alla terra; dipoi rende tutto il peso sopra esso piede posato, appoggiando la mano sopra il suo ginocchio, ed in un tempo distende il braccio, il quale porta il petto e la testa in alto, e cosí distende e drizza la coscia col petto e si fa dritto sopra esso piede posato insino che ha levato l'altra gamba.

## DELLE PIEGHE DELLA CARNE

Sempre la carne piegata è grinzita dall'opposita parte da che essa è tirata.

## DEL MOTO SEMPLICE DELL'UOMO

Moto semplice nell'uomo è detto quello ch'e' fa nel piegarsi semplicemente innanzi, o indietro, od in traverso.

## DEL MOTO COMPOSTO FATTO DALL'UOMO

Il moto composto nell'uomo è detto quello che per alcuna operazione si richiede piegarsi in giú ed in traverso in un medesimo tempo. Adunque tu, pittore, fa i movimenti composti, i quali siano integralmente alle loro composizioni, cioè se uno fa un atto composto mediante la necessità di tale azione, che tu non l'imiti in contrario col fargli fare un atto semplice, il quale sarà poi remoto da essa azione.

## DE' MOTI APPROPRIATI AGLI EFFETTI DEGLI UOMINI

I moti delle tue figure debbono essere dimostrativi della qualità della forza, quale conviene da quelle usare a diverse azioni; cioè che tu non faccia dimostrare la medesima forza a quel che leva una bacchetta, la quale sia conveniente all'alzare d'un trave. Adunque fa loro diverse[1] le dimostrazioni delle forze secondo la qualità de' pesi da loro maneggiati.

## NOTE

[1] Nel codice: "fa loro preparare."

## DE' MOTI DELLE FIGURE

Non farai mai le teste dritte sopra le spalle, ma voltate in traverso, a destra o a sinistra, ancoraché esse guardino in su o in giú, o dritto, perché gli è necessario fare i lor moti che mostrino vivacità desta e non addormentata. E non fare i mezzi di tutta la persona dinanzi o di dietro, che mostrino le loro rettitudini sopra o sotto agli altri mezzi superiori o inferiori; e se pure li vuoi usare, fàllo ne' vecchi: e non replicare i movimenti delle braccia o delle gambe, non che in una medesima figura, ma né anche nelle circostanti e vicine, se già la necessità del caso che si finge non ti costringesse.
In questi tali precetti di pittura si richiede il modo di persuadere la natura

de' moti, come agli oratori quella delle parole, le quali si comanda non essere replicate se non nelle esclamazioni; ma nella pittura non accade simil cosa; perché le esclamazioni sono fatte in varî tempi, e le replicazioni degli atti son vedute in un medesimo tempo.

## DE' MOVIMENTI

Fa i moti delle tue figure appropriati agli accidenti mentali di esse figure; cioè, che se tu la fingi essere irata, che il viso non dimostri in contrario, ma sia quello che in lui altra cosa che ira giudicarvi non si possa, ed il simile dell'allegrezza, malinconia, riso, pianto e simili.

## DE' MAGGIORI O MINORI GRADI DEGLI ACCIDENTI MENTALI

Oltre di questo, che tu non faccia grandi movimenti ne' piccoli o minimi accidenti mentali, né piccoli movimenti negli accidenti grandi.

## DE' MEDESIMI ACCIDENTI CHE ACCADONO ALL'UOMO DI DIVERSE ETÀ

Un medesimo grado di alterazione non sta bene essere pronunziato mediante il moto delle membra in un atto feroce da un vecchio come da un giovane, ed un atto feroce non si deve figurare in un giovane come in un vecchio.

## DEGLI ATTI DIMOSTRATIVI

Negli atti affezionati dimostrativi di cose propinque per tempo o per sito s'hanno a dimostrare con la mano non troppo remota da essi dimostratori; e se le predette cose saranno remote, remota dev'essere ancora la mano del dimostratore, e la faccia del viso volta a ciò che si dimostra.

## DELLE DICIOTTO OPERAZIONI DELL'UOMO

Fermezza, movimento, corso, ritto, appoggiato, a sedere, chinato, ginocchioni, giacente, sospeso, portare, esser portato, spingere, tirare, battere, esser battuto, aggravare ed alleggerire.

## NOTE

[1] Nel codice: "otto."

## DELLA DISPOSIZIONE DELLE MEMBRA SECONDO LE FIGURE

Alle membra che sono in operazione fa che s'ingrossino i muscoli, in modo conveniente alle fatiche loro, e quelle che non sono in operazione restino semplici.

## DELLA QUALITÀ DELLE MEMBRA SECONDO L'ETÀ

Ne' giovani non ricercherai muscoli o lacerti, ma dolce carnosità con semplici piegature, e rotondità di membra.

## DELLA VARIETÀ DE' VISI

Sia variata l'aria de' visi secondo gli accidenti dell'uomo in fatica, in riposo, in pianto, in riso, in gridare, in timore, e cose simili; ed ancora le membra della persona insieme con tutta l'attitudine debbono rispondere all'effigie alterata.

## DELLA MEMBRIFICAZIONE DEGLI ANIMALI

Tutte le parti di qualunque animale debbono essere corrispondenti all'età del suo tutto, cioè che le membra de' giovani non sieno ricercate con pronunziati muscoli, corde o vene, come fanno alcuni, i quali, per mostrare artificioso e gran disegno, guastano il tutto, mediante le scambiate membra. Il medesimo fanno altri, che per mancamento di disegno fanno ai vecchi membra di giovani.

## COME LA FIGURA NON SARÀ LAUDABILE S'ESSA NON MOSTRA LA PASSIONE DELL'ANIMO

Quella figura non sarà laudabile s'essa, il piú che sarà possibile, non esprimerà coll'atto la passione dell'animo suo.

## COME LE MANI E LE BRACCIA IN TUTTE LE LORO OPERAZIONI HANNO DA DIMOSTRARE L'INTENZIONE DEL LORO MOTORE IL PIÚ CHE SI PUÒ

Le mani e le braccia in tutte le operazioni hanno da dimostrare l'intenzione del loro motore quanto sarà possibile, perché con quelle, chi ha affezionato giudizio, si accompagna gl'intenti mentali in tutti i suoi movimenti. E sempre i bravi oratori, quando vogliono persuadere agli uditori qualche cosa, accompagnano le mani e le braccia con le loro parole, benché alcuni insensati non si curino di tale ornamento, e paiano nel loro tribunale statue di legno, per la bocca delle quali passi per condotto la voce di alcun uomo che sia nascosto in tal tribunale. E questa tale usanza è gran difetto ne' vivi, e molto piú nelle figure finte, le quali, se non sono aiutate dal loro creatore con atti pronti ed accomodati all'intenzione che tu fingi essere in tal figura, allora essa figura sarà giudicata due volte morta, cioè morta perché essa non è viva, e morta nella sua azione. Ma per tornare al nostro intento, qui di sotto si figurerà e dirà di piú accidenti, cioè del moto dell'irato, del dolore, della paura, dello spavento subito, del pianto, della fuga, del desiderio, del comandare, della pigrizia e della sollecitudine, e simili.[1]

NOTE

[1] Nota nel codice: "Ma nota, lettore, che ancoraché messer Leonardo prometta di trattare di tutti i sopradetti accidenti, che per questo non ne parla, come io credo, per smenticanza, o per qualche altro disturbo, come si può vedere all'originale, che dietro a questo capitolo scrive l'argomento di un altro senza il suo capitolo, ed è il seguente: Del figurare l'irato ed in quante parti si divida tale accidente."

## DE' MOTI APPROPRIATI ALLA MENTE DEL MOBILE

Sono alcuni moti mentali senza il moto del corpo, ed alcuni col moto del corpo. I moti mentali senza il moto del corpo lasciano cadere le braccia, le mani ed ogni altra parte che mostri vita; ma i moti mentali con il moto del corpo tengono il corpo con le sue membra con moto appropriato al moto della mente; e di questo tal discorso si dirà molte cose. Evvi un terzo moto che è partecipante dell'uno e dell'altro, ed un quarto che non è né l'uno né l'altro; e questi ultimi sono insensati, ovvero disensati; e si metteranno nel capitolo della pazzia, o de' buffoni nelle loro moresche.

## COME GLI ATTI MENTALI MUOVANO LA PERSONA IN PRIMO GRADO DI FACILITÀ E COMODITÀ

Il moto mentale muove il corpo con atti semplici e facili, non in qua né in là, perché il suo obietto è nella mente, la quale non muove i sensi, quando in se medesima è occupata.

## DEL MOTO NATO DALLA MENTE MEDIANTE L'OBIETTO

Se il moto dell'uomo è causato mediante l'obietto, o tale obietto nasce immediate, o no: se nasce immediate, quel che si muove torce prima all'obietto il senso piú necessario, ch'è l'occhio, lasciando stare i piedi al primo luogo, e solo muove le coscie insieme con i fianchi ed i ginocchi verso quella parte dove si volta l'occhio, e cosí in tali accidenti si farà gran discorso.

## DE' MOTI COMUNI

Tanto sono varî i movimenti degli uomini, quante sono le varietà degli accidenti che discorrono per le loro menti; e ciascun accidente in sé muoverà piú o meno essi uomini, secondo che saranno di maggiore o di minor potenza, e secondo l'età; perché altro moto farà sopra un medesimo caso un giovane che un vecchio.

## DEL MOTO DEGLI ANIMALI

Ogni animale di due piedi abbassa nel suo moto piú quella parte ch'è sopra il piede che alza, che quella ch'è sopra il piede che posa in terra; e la sua parte suprema fa il contrario; e questo si vede ne' fianchi e nelle spalle dell'uomo quando cammina, e negli uccelli il medesimo con la testa e con la groppa.

## CHE OGNI MEMBRO PER SÉ SIA PROPORZIONATO A TUTTO IL SUO CORPO

Fa che ogni parte d'un tutto sia proporzionata al suo tutto: come se un uomo è di figura grossa e corta, fa che il medesimo sia in sé ogni suo membro, cioè braccia corte e grosse, mani larghe, grosse e corte, e dita con le giunture nel sopradetto modo, e cosí il rimanente. Ed il medesimo intendo aver detto degli universi animali e piante, cosí nel diminuire le proporzionalità delle grossezze, come dell'ingrossarle.

## CHE SE LE FIGURE NON ESPRIMONO LA MENTE SONO DUE VOLTE MORTE

Se le figure non fanno atti pronti i quali colle membra esprimano il concetto della mente loro, esse figure sono due volte morte, perché morte sono principalmente ché la pittura in sé non è viva, ma esprimitrice di cose vive senza vita, e se non le si aggiunge la vivacità dell'atto, essa rimane morta la seconda volta. Sicché dilettatevi studiosamente di vedere in quei che parlano, insieme co' moti delle mani, se potrete accostarli e udirli, che causa fa loro fare tali movimenti. Molto bene saranno vedute le minuzie degli atti particolari appresso de' mutoli, i quali non sanno disegnare, benché pochi sieno che non si aiutino e che non figurino col disegno. Imparate adunque da' muti a fare i moti delle membra che esprimano il concetto della mente de' parlatori. Considerate quelli che ridono e quelli che piangono, guardate quelli che con ira gridano, e cosí tutti gli accidenti delle menti nostre.

Osservate il decoro, e considerate che non si conviene né per sito né per atto operare il signore come il servo, né l'infante come l'adolescente, ma eguale al vecchio che poco si sostiene. Non fate al villano l'atto che si deve ad un nobile ed accostumato, né il forte come il debole, né gli atti delle meretrici come quelli delle oneste donne, né de' maschi come delle femmine.

## DELL'OSSERVANZA DEL DECORO

Osserva il decoro, cioè la convenienza dell'atto, vesti, sito, e circonspetti della dignità o viltà delle cose che tu vuoi figurare; cioè che il re sia di barba, aria ed abito grave, ed il sito ornato, ed i circostanti stiano con riverenza, ammirazione ed abiti degni e convenienti alla gravità d'una corte reale, ed i vili disornati, infinti ed abietti, ed i loro circostanti abbiano similitudine con atti vili e presuntuosi, e tutte le membra corrispondano a tal componimento; e che gli atti d'un vecchio non sieno simili a quelli d'un giovane, e quelli d'una femmina a quelli d'un maschio, né quelli d'un uomo a quelli d'un fanciullo.

## DELL'ETÀ DELLE FIGURE

Non mischiare una quantità di fanciulli con altrettanti vecchi, né giovani con infanti, né donne con uomini, se già il caso che vuoi figurare non li legasse insieme misti.

## QUALITÀ D'UOMINI NE' COMPONIMENTI DELLE ISTORIE

Per l'ordinario ne' componimenti comuni delle istorie usa di fare rari vecchi, e separati dai giovani, perché i vecchi sono rari, ed i lor costumi non si convengono con i costumi de' giovani, e dove non è conformità di costumi non si fa amicizia, e dove non è amicizia si genera separazione. E dove tu farai componimenti d'istorie apparenti di gravità e consiglio, fagli pochi giovani, perché i giovani volentieri fuggono i consigli ed altre cose nobili.

## DEL FIGURARE UNO CHE PARLI INFRA PIÚ PERSONE

Userai di far quello che tu vuoi che parli fra molte persone in atto di considerare la materia ch'egli ha da trattare, e di accomodare in lui gli atti appartenenti ad essa materia; cioè, se la materia è persuasiva, che gli atti sieno al proposito, e se è materia di dichiarazione di diverse ragioni, fa che quello che parla pigli con i due diti della mano destra un dito della sinistra, avendone serrato i due minori, e col viso pronto volto verso il popolo; con la bocca alquanto aperta, che paia che parli; e se egli siede, che paia che si sollevi alquanto ritto, e con la testa innanzi; e se lo fai in piedi, fàllo alquanto chinarsi col petto e la testa verso il popolo, il quale figurerai tacito ed attento a riguardare l'oratore in viso con atti ammirativi; e fa la bocca d'alcun vecchio per maraviglia delle udite sentenze chiusa, e negli estremi bassi tirarsi indietro molte pieghe delle guancie; e con le ciglia alte nelle giunture le quali creino molte pieghe per la fronte. Alcuni a sedere con le dita delle mani insieme tessute, tenendovi dentro il ginocchio stanco; altri con un ginocchio sopra l'altro, sul quale tenga la mano, che dentro a sé riceva il gomito, la mano del quale vada a sostenere il mento barbuto di qualche vecchio chinato.

## COME SI DEVE FARE UNA FIGURA IRATA

Alla figura irata farai tenere uno per i capelli col capo storto a terra, e con uno de' ginocchi sul costato, e col braccio destro levare il pugno in alto; questo abbia i capelli elevati, le ciglia basse e strette, ed i denti stretti e i due estremi daccanto della bocca arcati, il collo grosso, e dinanzi, per il chinarsi al nemico, sia pieno di grinze.

## COME SI FIGURA UN DISPERATO

Al disperato farai darsi d'un coltello, e con le mani aversi stracciato i vestimenti, e sia una d'esse mani in opera a stracciar la ferita, e lo farai con i piè distanti, e le gambe alquanto piegate, e la persona similmente verso terra con capelli stracciati e sparsi.

## DELLE CONVENIENZE DELLE MEMBRA

E ti ricordo ancora che tu abbia grande avvertenza nel dare le membra alle figure, che paiano, dopo l'essere concordanti alla grandezza del corpo, ancor similmente all'età; cioè i giovani con pochi muscoli nelle membra, e vene di delicata superficie, e membra rotonde di grato colore. Agli uomini sieno nervose e piene di muscoli. Ai vecchi sieno con superficie a grinze ruvide e venose, ed i nervi molto evidenti.

## DEL RIDERE E DEL PIANGERE E DIFFERENZA LORO

Da quel che ride a quel che piange non si varia né occhi, né bocca, né guancie, ma solo la rigidità delle ciglia che s'aggiunge a chi piange, e levasi a chi ride. A colui che piange s'aggiunge ancora l'atto di stracciarsi con le mani i vestimenti ed i capelli, e con le unghie stracciarsi la pelle del volto, il che non accade a chi ride. Non farai il viso di chi piange con eguali movimenti di quel che ride, perché spesso si somigliano, e perché il vero modo si è di variare siccome è variato l'accidente del pianto dall'accidente del riso, imperocché, per piangere, le ciglia e la bocca si variano nelle varie cause del pianto, perché alcuno piange con ira, alcuno con paura, alcuno per tenerezza ed allegrezza, alcuno per sospetto, alcuno per doglia e tormento ed alcuno per pietà e dolore de' parenti o amici persi: de' quali piangenti alcuno si mostra disperato, alcuno mediocre, alcuno grida, alcuno sta con il viso al cielo e con le mani in basso, avendo le dita di quelle insieme tessute; altri timorosi con le spalle innalzate alle orecchie; e cosí seguono secondo le predette cause. Quel che versa il pianto alza le ciglia nelle loro giunture, e le stringe insieme, e compone grinze di sopra, e in mezzo ai canti della bocca in basso; e colui che ride li ha alti e le ciglia aperte e spaziose.

## DE' POSATI D'INFANTI

Negl'infanti e ne' vecchi non debbono essere atti pronti fatti mediante le loro gambe.

## DE' POSATI DI FEMMINE E DI GIOVANETTI

Nelle femmine e ne' giovanetti non debbono essere atti di gambe sbarrate o troppo aperte, perché dimostrano audacia, o al tutto privazione di vergogna; e le strette dimostrano timore di vergogna.

## DEL RIZZARSI L'UOMO DA SEDERE DI SITO PIANO

Stando l'uomo a sedere sul pavimento, la prima cosa che fa nel suo levarsi è che trae a sé il piede, e posa la mano in terra da quel lato che si vuol levare, e gitta la persona sopra il braccio che posa, e mette il ginocchio in terra da quel lato che si vuol levare.[1]

## NOTE

[1] Nota nel codice: "Trovo scritto appresso al capitolo di sopra il soggetto del suo contrario, ma poi non ne parla niente, ed è questo: Del cadere l'uomo a sedere in sito piano."

## DEL SALTARE, E CHE COSA AUMENTA IL SALTO

Natura insegna ed opera senza alcun discorso del saltatore, che quando vuol saltare, egli alza con impeto le braccia e le spalle, le quali, seguitando l'impeto, si muovono insieme con gran parte del corpo, e levansi in alto, sino a tanto che il loro impeto in sé si consumi; il qual impeto è accompagnato dalla estensione subita del corpo incurvato nella schiena e nelle giunture delle coscie, delle ginocchia e de' piedi; la qual estensione è fatta per obliquo, cioè innanzi ed all'insú; e cosí il moto dedicato all'andare innanzi porta innanzi il corpo che salta, ed il moto d'andare all'insú alza il corpo, e gli fa fare grand'arco ed aumenta il salto.

## DEL MOTO DELLE FIGURE NELLO SPINGERE O TIRARE

Lo spingere e tirare sono di una medesima azione, conciossiaché lo spingere è solo un'estensione di membra, ed il tirare è un'attrazione di esse membra; ed all'una e all'altra potenza si aggiunge il peso del motore contro alla cosa sospinta o tirata, e non vi è altra differenza senonché l'uno spinge e l'altro tira: quello che spinge stando in piedi ha il mobile sospinto dinanzi a sé, e quello che tira lo ha di dietro a sé. Lo spingere e il tirare può esser fatto per diverse linee intorno al centro della potenza del motore, il qual centro in quanto alle braccia sarà nel luogo dove il nervo dell'omero della spalla, e quel della poppa, e quello della patella dell'opposta alla poppa si giungono coll'osso della spalla superiore.

## DELL'UOMO CHE VUOL TRARRE UNA COSA FUOR DI SÉ CON GRAND'IMPETO

L'uomo il quale vorrà trarre un dardo, o pietra, od altra cosa con impetuoso moto, può essere figurato in due modi principali, cioè o potrà esser figurato quando si prepara alla creazione del moto, o veramente quando il moto d'esso è finito. Ma se tu lo figurerai per la creazione del moto, allora il lato di dentro del piede sarà con la medesima linea del petto, ma avrà la spalla contraria sopra il piede, cioè se il piede destro sarà sotto il peso dell'uomo, la spalla sinistra sarà sopra la punta d'esso piede destro.

## PERCHÉ QUELLO CHE VUOL FICCARE TIRANDO IL FERRO IN TERRA, ALZA LA GAMBA OPPOSITA INCURVATA

Colui che col trarre vuol ficcare o trarre il calmone[1] in terra, alza la gamba opposita al braccio che trae, e quella piega nel ginocchio; e questo fa per bilicarsi sopra il piede che posa in terra, senza il qual piegamento o storcimento di gamba far non si potrebbe, né potrebbe trarre, se tal gamba non si distendesse.

NOTE

[1] Cosí il codice. Forse "calamo."

## PONDERAZIONE DE' CORPI CHE NON SI MUOVONO

Le ponderazioni ovvero bilichi degli uomini si dividono in due parti, cioè semplice e composto. Bilicazione semplice è quella che è fatta dall'uomo sopra i suoi piedi immobili, sui quali esso uomo, aprendo le braccia con diverse distanze dal suo mezzo, o chinandosi stando sopra uno o i due piedi, sempre il centro della sua gravità sta per linea perpendicolare sopra il centro d'esso piede che posa; e se posa sopra i due piedi egualmente, allora il peso dell'uomo avrà il suo centro perpendicolare nel mezzo della linea che misura lo spazio interposto infra i centri d'essi piedi.

Il bilico composto s'intende esser quello che fa un uomo che sostiene sopra di sé un peso per diversi moti; com'è nel figurare Ercole che scoppia Anteo, il quale, sospendendolo da terra infra il petto e le braccia, che tu gli faccia tanto la sua figura di dietro alla linea centrale de' suoi piedi, quanto Anteo ha il centro della sua gravità dinanzi ai medesimi piedi.

## DELL'UOMO CHE POSA SOPRA I SUOI DUE PIEDI, CHE DÀ DI SÉ PIÚ PESO ALL'UNO CHE ALL'ALTRO

Quando per lungo stare in piedi l'uomo ha stancata la gamba dove posa, esso manda parte del peso sopra l'altra gamba; ma questo tal posare ha da essere usato dall'età decrepita, o dall'infanzia, o veramente in uno stanco, perché mostra stanchezza o poca valetudine di membra; e però sempre si vede un giovane, che sia sano e gagliardo, posarsi sopra l'una delle gambe, e se dà alquanto di peso all'altra gamba, esso l'usa quando vuol dar principio necessario al suo movimento, senza il quale si nega ogni moto, perché il moto si genera dall'inegualità.

## DE' POSATI DELLE FIGURE

Sempre le figure che posano debbono variare le membra, cioè che se un braccio va innanzi, che l'altro stia fermo o vada indietro; e se la figura posa sopra una gamba, che la spalla che è sopra essa gamba sia piú bassa che l'altra; e questo si usa dagli uomini di buoni sensi, i quali sempre attendono per natura a bilicare l'uomo sopra i suoi piedi, acciocché non rovini; perché, posando sopra un piede, l'opposita gamba non sostiene esso uomo, stando piegata, la quale in sé è come se fosse morta; onde necessità fa che il peso che è dalle gambe insú mandi il centro della sua gravità sopra la giuntura della gamba che lo sostiene.

## DELLA PONDERAZIONE DELL'UOMO NEL FERMARSI SOPRA I SUOI PIEDI

L'uomo che si ferma sopra i suoi piedi, o si caricherà con egual peso sopra ciascun piede, o si caricherà con pesi ineguali. Se si caricherà egualmente sopra essi piedi, egli si caricherà con peso naturale misto con peso accidentale, o si caricherà con semplice peso naturale. Se si caricherà con peso naturale misto con peso accidentale, allora gli estremi opposti de' membri non saranno egualmente distanti dai poli delle giunture de' piedi; ma se si caricherà con peso naturale semplice, allora tali estremi di membri opposti saranno egualmente distanti dalla giuntura del piede. E cosí di questa ponderazione si farà un libro particolare.

## DEL MOTO LOCALE PIÚ O MENO VELOCE

Il moto locale fatto dall'uomo o da altro animale sarà di tanto maggiore o minor velocità, quanto il centro della loro gravità sarà piú remoto o propinquo al centro del piede dove si sostengono.

## DEGLI ANIMALI DA QUATTRO PIEDI, E COME SI MUOVONO

La somma altezza degli animali da quattro piedi si varia piú negli animali che camminano, che in quelli che stanno saldi; e tanto piú o meno quanto essi animali son di maggiore o minor grandezza: e questo è causato dall'obliquità delle gambe che toccano terra, che innalzano il corpo di esso animale quando tali gambe disfanno la loro obliquità, quando si pongono perpendicolari sopra la terra.

## DELLE CORRISPONDENZE CHE HA LA METÀ DELL'UOMO CON L'ALTRA METÀ

Mai l'una metà della grossezza e larghezza dell'uomo sarà eguale all'altra, se le membra a quella congiunte non faranno eguali e simili moti.

## COME NEL SALTARE DELL'UOMO IN ALTO VI SI TROVANO TRE MOTI

Quando l'uomo salta in alto, la testa è tre volte piú veloce del calcagno del piede, innanzi che la punta del piede si spicchi da terra, e due volte piú veloce che i fianchi; e questo accade perché si disfanno in un medesimo tempo tre angoli, de' quali il superiore è quello dove il busto si congiunge con le coscie dinanzi; il secondo è quello dove le coscie di dietro si congiungono con le gambe di dietro; il terzo è dove la gamba dinanzi si congiunge con l'osso del piede.

## CHE È IMPOSSIBILE CHE UNA MEMORIA RISERBI TUTTI GLI ASPETTI E LE MUTAZIONI DELLE MEMBRA

Impossibile è che alcuna memoria possa riserbare tutti gli aspetti o mutamenti d'alcun membro di qualunque animale si sia. Questo caso lo esemplificheremo con la dimostrazione d'una mano. E perché ogni quantità continua è divisibile in infinito, il moto dell'occhio che riguarda la mano, e si muove dall' a al b, si muove per uno spazio ab, il quale ancor esso è quantità continua, e per conseguenza divisibile in infinito, ed in ogni parte di moto varia l'aspetto e la figura della mano nel suo vedere, e cosí farà movendosi in tutto il cerchio; ed il simile farà la mano che s'innalza nel suo moto, cioè passerà per ispazio che è quantità.

## DELLE PRIME QUATTRO PARTI CHE SI RICHIEDONO ALLA FIGURA

L'attitudine è la prima parte piú nobile della figura; non che la buona figura dipinta in trista attitudine abbia disgrazia, ma la viva in somma bontà di bellezza perde di riputazione, quando gli atti suoi non sono accomodati all'ufficio ch'essi hanno a fare. Senza alcun dubbio essa attitudine è di maggiore speculazione che non è la bontà in sé della figura dipinta; conciossiaché tale bontà di figura si possa fare per imitazione della viva, ma il movimento di tal figura bisogna che nasca da grande discrezione d'ingegno; la seconda parte nobile è l'avere rilievo; la terza è il buon disegno; la quarta il bel colorito.

## DISCORSO SOPRA IL PRATICO

E tu, pittore, studia di fare le tue opere che abbiano a tirare a sé i loro veditori, e quelli fermare con grande ammirazione e diletto, e non attirarli e poi scacciarli, come fa l'aria a quel che ne' tempi notturni salta ignudo del letto a contemplare la qualità di essa aria nubilosa o serena, che immediate, scacciato dal freddo di quella, ritorna nel letto, donde prima si tolse; ma fa le opere tue simili a quell'aria, che ne' tempi caldi tira gli uomini dai lor letti, e li ritiene con diletto a prendere l'estivo fresco; e non voler essere prima pratico che dotto, e che l'avarizia vinca la gloria che di tale arte meritamente si acquista. Non vedi tu che infra le umane bellezze il viso bellissimo ferma i viandanti e non i loro ricchi ornamenti? E questo dico a te che con oro od altri ricchi fregi adorni le tue figure. Non vedi tu isplendenti bellezze della gioventú diminuire di loro eccellenza per gli eccessivi e troppo culti ornamenti? Non hai tu visto le montanare involte negl'inculti e poveri panni acquistare maggior bellezza, che quelle che sono ornate? Non usare le affettate acconciature o capellature di teste, dove appresso de' goffi cervelli un sol capello posto piú da un lato che dall'altro, colui che lo tiene se ne promette grande infamia credendo che i circostanti abbandonino ogni lor primo pensiero, e solo di quel parlino e solo quello riprendano; e questi tali hanno sempre per lor consigliero lo specchio ed il pettine, ed il vento è loro capital nemico sconciatore degli azzimati capelli. Fa tu adunque alle tue teste i capelli scherzare insieme col finto vento intorno ai giovanili volti, e con diverso rivoltare graziosamente ornarli. E non far come quelli che li impiastrano con colle, e fanno parere i visi come se fossero invetriati; umane pazzie in aumentazione, delle quali non bastano i naviganti a condurre dalle orientali parti le gomme arabiche, per riparare che il vento non varii l'egualità delle loro chiome, che di piú vanno ancora investigando.

## DELLA PRATICA CERCATA CON GRAN SOLLECITUDINE DAL PITTORE

E tu, pittore, che desideri grandissima pratica, hai da intendere, che se tu non la fai sopra buon fondamento delle cose naturali, farai opere assai con poco onore e men guadagno; e se la farai buona, le opere tue saranno molte e buone, con tuo grande onore e molta utilità.

## DEL GIUDICARE IL PITTORE LE SUE OPERE E QUELLE D'ALTRUI

Quando l'opera sta pari col giudizio, quello è tristo segno in tal giudizio; e quando l'opera supera il giudizio, questo è pessimo, come accade a chi si maraviglia d'aver sí bene operato; e quando il giudizio supera l'opera, questo è perfetto segno; e se vi è giovane in tal disposizione, senza dubbio questo sarà eccellente operatore, ma sarà componitore di poche opere, le quali saranno di qualità che fermeranno gli uomini con ammirazione a contemplar le loro perfezioni.

## DEL GIUDICARE IL PITTORE LA SUA PITTURA

Noi sappiamo che gli errori si conoscono piú nelle altrui opere che nelle proprie, e spesso riprendendo gli altrui piccoli errori, non vedrai i tuoi grandi. Per fuggire simile ignoranza, fa che tu sia prima buon prospettivo, di poi che tu abbia intera notizia delle misure dell'uomo e d'altri animali, e che tu sia ancora buon architettore, cioè in quanto s'appartiene alla forma degli edifici e delle altre cose, che sono sopra la terra, che sono d'infinite forme; e di quante piú avrai notizia, piú sarà laudata la tua operazione, ed in quelle che tu non hai pratica, non ricusare di ritrarle di naturale. Ma per tornare alla promessa di sopra, dico che nel tuo dipingere tu devi tenere uno specchio piano, e spesso riguardarvi dentro l'opera tua, la quale lí sarà veduta per lo contrario, e ti parrà di mano d'altro maestro, e giudicherai meglio gli errori tuoi che altrimenti. Ed ancora sarà buono levarsi spesso e pigliarsi qualche sollazzo, perché nel ritornare tu migliorerai il giudizio; ché lo star saldo nell'opera ti farà forte ingannare. È buono ancora lo allontanarsi, perché l'opera pare minore, e piú si comprende in un'occhiata, e meglio si conoscono le discordanti e sproporzionate membra ed i colori delle cose, che d'appresso.

## COME LO SPECCHIO È IL MAESTRO DE' PITTORI

Quando tu vuoi vedere se la tua pittura tutta insieme ha conformità con la cosa ritratta di naturale, abbi uno specchio, e favvi dentro specchiare la cosa viva, e paragona la cosa specchiata con la tua pittura, e considera bene se il subietto dell'una e dell'altra similitudine abbiano conformità insieme. Sopratutto lo specchio si deve pigliare per maestro, intendo lo specchio piano imperocché sulla sua superficie le cose hanno similitudine con la pittura in molte parti; cioè, tu vedi la pittura fatta sopra un piano dimostrare cose che paiono rilevate, e lo specchio sopra un piano fa il medesimo; la pittura è una sola superficie, e lo specchio è quel medesimo; la pittura è impalpabile in quanto che quello che pare tondo e spiccato non si può circondare con le mani, e lo specchio fa il simile. Lo specchio e la pittura mostrano la similitudine delle cose circondata da ombre e lume, e l'una e l'altra pare assai di là dalla sua superficie. E se tu conosci che lo specchio per mezzo de' lineamenti ed ombre e lumi ti fa parere le cose spiccate, ed avendo tu fra i tuoi colori le ombre ed i lumi piú potenti che quelli dello specchio, certo, se tu li saprai ben comporre insieme, la tua pittura parrà ancor essa una cosa naturale vista in un grande specchio.

## COME SI DEVE CONOSCERE UNA BUONA PITTURA E CHE QUALITÀ DEVE AVERE PER ESSERE BUONA

Quello che prima si deve giudicare per voler conoscere una buona pittura è che il moto sia appropriato alla mente del motore; secondo, che il maggiore o minor rilievo delle cose ombrose sia accomodato secondo le distanze; terzo, che le proporzioni delle membra corrispondano alla proporzionalità del loro tutto; quarto, che il decoro del sito sia corrispondente al decoro de' suoi atti; quinto, che le membrificazioni sieno accomodate alla condizione de' membrificati, cioè ai gentili membra gentili, ai grossi grosse membra ed ai grassi grasse similmente.

## COME LA VERA PITTURA STIA NELLA SUPERFICIE DELLO SPECCHIO PIANO

Lo specchio di piana superficie contiene in sé la vera pittura in essa superficie; e la perfetta pittura, fatta nella superficie di qualunque materia piana, è simile alla superficie dello specchio; e voi, pittori, trovate nella superficie degli specchi piani il vostro maestro, il quale v'insegna il chiaro e l'oscuro e lo scorto di qualunque obietto; ed i vostri colori ne hanno uno che è piú chiaro che le parti illuminate del simulacro di tale obietto, e similmente in essi colori se ne trova alcuno che è piú scuro che alcuna oscurità di esso obietto; donde nasce che tu, pittore, farai le tue pitture simili a quelle di tale specchio, quando è veduto da un solo occhio, perché i due occhi circondano l'obietto minore dell'occhio.

## QUAL PITTURA È PIÚ LAUDABILE

Quella pittura è piú laudabile, la quale ha piú conformità con la cosa imitata. Questo propongo a confusione di quei pittori i quali vogliono racconciare le cose di natura, come sono quelli che imitano un figliuolino d'un anno, la testa del quale entra cinque volte nella sua altezza, ed essi ve la fanno entrare otto; e la larghezza delle spalle è simile alla testa, e questi la fanno dupla, e cosí vanno riducendo un piccolo fanciullo d'un anno alla proporzione di un uomo di trent'anni: e tante volte hanno usato e visto usare tal errore, che l'hanno converso in usanza, la quale usanza è tanto penetrata e stabilita nel lor corrotto giudizio, che fan credere a loro medesimi che la natura, o chi imita la natura, faccia grandissimo errore a non fare come essi fanno.

## QUAL È IL PRIMO OBIETTO INTENZIONALE DEL PITTORE

La prima intenzione del pittore è fare che una superficie piana si dimostri un corpo rilevato e spiccato da esso piano; e quello che in tale arte eccede piú gli altri, quello merita maggior laude, e questa tale investigazione, anzi corona di tale scienza, nasce dalle ombre e dai lumi, o vuoi dire chiaro e scuro. Adunque chi fugge le ombre fugge la gloria dell'arte appresso i nobili ingegni, e l'acquista appresso l'ignorante volgo, il quale nulla piú desidera che bellezza di colori, dimenticando al tutto la bellezza e maraviglia del dimostrare di rilievo la cosa piana.

## QUALE È PIÚ IMPORTANTE, NELLA PITTURA, O LE OMBRE O I LORO LINEAMENTI

Di molto maggiore investigazione e speculazione sono le ombre nella pittura che i loro lineamenti; e la prova di questo s'insegna che i lineamenti si possono lucidare con veli, o vetri piani interposti fra l'occhio e la cosa che si deve lucidare; ma le ombre non sono comprese da tale regola, per l'insensibilità de' loro termini, i quali il piú delle volte sono confusi, come si dimostra nel libro delle ombre e de' lumi.

## COME SI DEVE DARE IL LUME ALLE FIGURE

Il lume deve essere usato secondo che darebbe il naturale sito dove fingi essere la tua figura; cioè, se la fingi al sole, fa le ombre oscure, e gran piazze di lumi, e stampavi le ombre di tutti i circostanti corpi in terra. E se la figura è in tristo tempo, fa poca differenza dai lumi alle ombre, e senza farle alcun'ombra ai piedi; e se la figura sarà in casa, fa gran differenza dai lumi alle ombre, ed ombra per terra; e se tu vi figuri finestra impannata ed abitazione bianca, fa poca differenza dai lumi alle ombre; e se essa è illuminata dal fuoco, fa i lumi rosseggianti e potenti, e scure le ombre, e lo sbattimento delle ombre per i muri o per terra sia terminato; e quanto piú l'ombra si allontana dal corpo, tanto piú si faccia ampia e magna; e se detta figura fosse illuminata parte dal fuoco e parte dall'aria, fa che il lume causato dall'aria sia piú potente, e quello del fuoco sia quasi rosso, a similitudine del fuoco. E sopratutto fa che le tue figure dipinte abbiano il lume grande e da alto, cioè quel vivo che tu ritrarrai, imperocché le persone che tu vedi per le strade tutte hanno il lume di sopra; e sappi che non vi è tuo gran conoscente che, dandogli il lume di sotto, tu non duri fatica a riconoscerlo.

## DOVE DEVE STAR QUELLO CHE RISGUARDA LA PITTURA

Poniamo che ab sia la pittura veduta, e che d sia il lume. Dico che se tu ti porrai infra c ed e, comprenderai male la pittura, e massime se sarà fatta ad olio, o veramente verniciata, perché avrà lustro, e sarà quasi di natura di specchio, e per questa cagione quanto piú ti accosterai al punto c, meno vedrai, perché quivi risaltano i raggi del lume mandato dalla finestra alla pittura; e se ti porrai infra e e d, quivi sarà bene operata la tua vista e massime quanto piú t'appresserai al punto d, perché quel luogo è meno partecipante di detta percussione de' raggi riflessi.

## COME SI DEVE PORRE ALTO IL PUNTO

Il punto dev'essere all'altezza dell'occhio di un uomo comune, e l'ultimo orizzonte della pianura che confina col cielo dev'esser fatto all'altezza d'esso termine della terra piana col cielo, salvo le montagne, che sono libere.

## CHE LE FIGURE PICCOLE NON DEBBONO PER RAGIONE ESSER FINITE

Dico che se le cose appariranno di minuta forma, ciò nascerà dall'essere dette cose lontane dall'occhio; essendo cosí, conviene che infra l'occhio e la cosa sia molt'aria, e la molt'aria impedisce l'evidenza della forma d'essi obietti, onde le minute particole d'essi corpi saranno indiscernibili e non conosciute. Adunque tu, pittore, farai le piccole figure solamente accennate e non finite, e se altrimenti farai, sarà contro gli effetti della natura tua maestra. La cosa rimane piccola per la distanza grande che è fra l'occhio e la cosa; la distanza grande rinchiude dentro di sé molt'aria, la molt'aria fa in sé grosso corpo, il quale impedisce e toglie all'occhio le minute particole degli obietti.

## CHE CAMPO DEVE USARE IL PITTORE ALLE SUE OPERE

Poiché per esperienza si vede che tutti i corpi sono circondati da ombra e lume, voglio che tu, pittore, accomodi quella parte che è illuminata, sicché termini in cosa oscura, e cosí la parte del corpo ombrata termini in cosa chiara. E questa regola darà grande aiuto a rilevare le tue figure.

## PRECETTO DI PITTURA

Dove l'ombra confina col lume, abbi rispetto dov'è piú chiara o scura e dov'essa è piú o meno sfumosa inverso il lume. E sopratutto ti ricordo che ne' giovani tu non faccia le ombre terminate come fa la pietra, perché la carne tiene un poco del trasparente, come si vede a guardare in una mano che sia posta infra l'occhio ed il sole, che la si vede rosseggiare e trasparire luminosa; e se tu vuoi vedere qual ombra si richiede alla tua carne, vi farai su un'ombra col tuo dito, e secondo che tu la vuoi piú chiara o scura, tieni il dito piú presso o piú lontano dalla tua pittura e quella contraffà.

## DEL FINGERE UN SITO SELVAGGIO

Gli alberi e le erbe che sono piú ramificati di sottili rami debbono aver minore oscurità d'ombre, e quegli alberi e quelle erbe che avranno maggiori foglie saranno cagione di maggior ombra.

## COME DEVI FAR PARERE NATURALE UN ANIMALE FINTO

Tu sai non potersi fare alcun animale, il quale non abbia le sue membra, e che ciascuno per sé non sia a similitudine con qualcuno degli altri animali. Adunque, se vuoi far parere naturale un animal finto, dato, diciamo, che sia un serpente, per la testa pigliane una di un mastino o bracco, e ponile gli occhi di gatto, e le orecchie d'istrice, ed il naso di veltro, e le ciglia di leone, e le tempie di gallo vecchio, ed il collo di testuggine d'acqua.

## DE' SITI CHE SI DEBBONO ELEGGERE PER FARE LE COSE CHE

## ABBIANO RILIEVO CON GRAZIA

Nelle strade volte a ponente, stante il sole a mezzodí, le pareti sieno in modo alte, che quella che è volta al sole non abbia a riverberare ne' corpi ombrosi, e buona sarebbe l'aria senza splendore; allora saranno veduti i lati de' volti partecipare dell'oscurità delle pareti a quella opposite; e cosí i lati del naso; e tutta la faccia volta alla bocca della strada sarà illuminata. Per la qual cosa l'occhio che sarà nel mezzo della bocca di tale strada vedrà tal viso con tutte le faccie a lui volte essere illuminate, e quei lati che sono volti alle pareti de' muri essere ombrosi. A questo s'aggiungerà la grazia d'ombre con grato perdimento, private integralmente d'ogni termine spedito; e questo nascerà per causa della lunghezza del lume che passa infra i tetti delle case e penetra infra le pareti, e termina sopra il pavimento della strada, e risalta per moto riflesso ne' luoghi ombrosi de' volti, e quelli alquanto rischiara. E la lunghezza del già detto lume del cielo stampato dai termini de' tetti con la sua fronte, che sta sopra la bocca della strada, illumina quasi insino vicino al nascimento delle ombre che stanno sotto gli oggetti del volto; e cosí di mano in mano si va mutando in chiarezza, insino che termina sopra del mento con oscurità insensibile per qualunque verso. Come se tal lume fosse ae, vedi la linea fe del lume che illumina fino sotto il naso, e la linea cf solo illumina infin sotto il labbro; e la linea ah si estende fino sotto il mento; e qui il naso rimane forte luminoso, perché è veduto da tutto il lume abcde.

## DEL DIVIDERE E SPICCARE LE FIGURE DAI LORO CAMPI

Tu hai a mettere la tua figura scura in campo chiaro; e se sarà chiara, mettila in campo scuro; e se è chiara e scura, metti la parte scura nel campo chiaro e la parte chiara nel campo scuro.

## DELLA DIFFERENZA DELLE FIGURE IN OMBRE E LUMI, POSTE IN DIVERSI SITI

I lumi piccoli fanno grandi e terminate ombre sopra i corpi ombrosi. I lumi grandi fanno sopra i corpi ombrosi piccole ombre e di confusi termini. Quando sarà incluso il piccolo e potente lume nel grande e meno potente, come è il sole nell'aria, allora il meno potente resterà in luogo d'ombra sopra de' corpi da esso illuminati.

## DEL FUGGIRE L'IMPROPORZIONALITÀ DELLE CIRCOSTANZE

Grandissimo vizio si dimostra presso di molti pittori, cioè di fare l'abitazione degli uomini ed altre circostanze in tal modo, che le porte delle città non danno alle ginocchia de' loro abitatori, ancoraché esse sieno piú vicine all'occhio del riguardatore che non è l'uomo che in quella mostri voler entrare. Abbiamo veduto i portici carichi d'uomini, e le colonne di quelli sostenitrici essere nel pugno ad un uomo che ad una di esse si appoggiava ad uso di sottil bastone; e cosí altre simili cose sono molto da essere schivate.

## CORRISPONDANO I CORPI, SÍ PER GRANDEZZA COME PER UFFICIO, ALLA COSA DI CUI SI TRATTA

Questa proposizione è prima definita che proposta; adunque leggerai di sopra.

## DE' TERMINI DE' CORPI DETTI LINEAMENTI, OVVERO CONTORNI

Sono i termini de' corpi di tanto minima evidenza, che in ogni piccolo intervallo che s'interpone infra la cosa e l'occhio, esso occhio non comprende l'effigie dell'amico o parente, e non lo conosce, se non per l'abito, e per il tutto riceve notizia del tutto insieme con la parte.

## DEGLI ACCIDENTI SUPERFICIALI CHE PRIMA SI PERDONO PER LE DISTANZE

Le prime cose che si perdono nel discostarsi dai corpi ombrosi sono i termini loro; secondariamente in piú distanza si perdono le ombre che dividono le parti de' corpi che si toccano; terzo, la grossezza delle gambe da piè, e cosí successivamente si perdono le parti piú minute, di modo che a lunga distanza solo rimane una massa ovale di confusa figura.

## DEGLI ACCIDENTI SUPERFICIALI CHE PRIMA SI PERDONO NEL DISCOSTARSI DE' CORPI OMBROSI

La prima cosa che de' colori si perde nelle distanze è il lustro, loro parte minima, e lume de' lumi; la seconda è il lume, perché è minore dell'ombra; la terza sono le ombre principali; e rimane nell'ultimo una mediocre oscurità confusa.

## DELLA NATURA DE' TERMINI DE' CORPI SOPRA GLI ALTRI CORPI

Quando i corpi di convessa superficie termineranno sopra altri corpi di egual colore, il termine del convesso parrà piú oscuro che il corpo che col convesso termine terminerà. Il termine delle aste equigiacenti parrà in campo bianco di grande oscurità, ed in campo oscuro parrà piú che altra sua parte chiaro, ancoraché il lume che sopra le aste discende sia sopra esse aste di egual chiarezza.

## DELLA FIGURA CHE VA CONTRO IL VENTO

Sempre la figura che si muove infra il vento per qualunque linea non osserva il centro della sua gravità con debita disposizione sopra il centro del suo sostentacolo.

## DELLE FINESTRE DOVE SI RITRAGGONO LE FIGURE

Sia la finestra delle stanze de' pittori fatta d'impannate senza tramezzi, ed occupata di grado in grado inverso i suoi termini di gradi di scurito di nero, in modo che il termine del lume non sia congiunto col termine della finestra.

## PERCHÉ MISURANDO UN VISO E POI DIPINGENDOLO IN TALE GRANDEZZA ESSO SI DIMOSTRERÀ MAGGIORE DEL NATURALE

ab è la larghezza del sito, ed è posta nella distanza della carta cf, dove sono le guancie; essa avrebbe a stare indietro tutto ac, ed allora le tempie sarebbero portate nella distanza or delle linee af e bf, sicché vi è la differenza co ed rd; si conclude che la linea cf e la linea df, per essere piú corte, hanno da andare a trovare la carta dov'è disegnata l'altezza tutta, cioè le linee af e bf dov'è la verità, e si fa la differenza, com'è detto, di co e di rd.

## SE LA SUPERFICIE D'OGNI CORPO OPACO PARTECIPA DEL COLORE DEL SUO OBIETTO

Tu hai da intendere, se sarà messo un obieto bianco infra due pareti, delle quali una sia bianca e l'altra nera, che tu troverai tal proporzione infra la parte ombrosa e la parte luminosa del detto obieto, qual sarà quella delle predette pareti; e se l'obieto sarà di colore azzurro, farà il simile; onde, avendo da dipingere, farai come seguita: togli il nero per ombrare l'obieto azzurro che sia simile al nero, ovvero ombra della parete che tu fingi che abbia a riverberare nel tuo obieto, e volendolo fare con certa e vera scienza, userai fare in questo modo: quando tu fai le tue pareti di qual colore si voglia, piglia un piccolo cucchiaro, poco maggiore che quello da orecchie, e maggiore o minore secondo le grandi o piccole opere in che tale operazione s'ha da esercitare; e questo cucchiaro abbia i suoi estremi labbri di eguale altezza, e con questo misurerai i gradi delle quantità de' colori che tu adopri nelle tue mistioni: come sarebbe, quando nelle dette pareti che tu avessi fatto la prima ombra di tre gradi d'oscurità e d'un grado di chiarezza, cioè tre cucchiari rasi, come si fanno le misure del grano, e questi tre cucchiari fossero di semplice nero, ed un cucchiaro di biacca, tu avresti fatto una composizione di qualità certa senza alcun dubbio. Ora tu hai fatto una parete bianca ed una oscura, ed hai a mettere un obietto azzurro infra loro, il qual obietto vuoi che abbia la vera ombra e lume che a tal azzurro si conviene; adunque poni da una parte quell'azzurro che tu vuoi che resti senz'ombra, e poni da canto il nero; poi togli tre cucchiari di nero, e componilo con un cucchiaro d'azzurro luminoso, e metti con esso la piú oscura ombra. Fatto questo, vedi se l'obietto è sferico, colonnale, o quadrato, o come si sia; e se egli è sferico, tira le linee dagli estremi della parete oscura al centro di esso obietto sferico, e dove esse linee si tagliano nella superficie di tale obietto, quivi infra tanto terminano le maggiori ombre infra eguali angoli; poi comincia a rischiarare, come sarebbe in no, che lascia tanto dell'oscuro quanto esso partecipa della parete superiore ad; il qual colore mischierai con la prima ombra di ab con le medesime distinzioni.

## DEL MOTO E CORSO DEGLI ANIMALI

Quella figura si dimostrerà di maggior corso la quale stia piú per rovinare innanzi.

## DE' CORPI CHE PER SÉ SI MUOVONO O VELOCI O TARDI

Il corpo che per sé si muove sarà tanto piú veloce quanto il centro della sua gravità è piú distante dal centro del suo sostentacolo. Questo è detto per il moto degli uccelli, i quali senza battimento d'ale o favor di vento per se medesimi si muovono: e questo accade quando il centro della loro gravità è fuori del centro del loro sostentacolo, cioè fuori del mezzo della resistenza delle loro ale, perché se il mezzo delle ale sarà piú indietro che il mezzo, ovvero centro della detta gravità di tutto l'uccello, allora esso uccello si muoverà innanzi ed in basso; ma tanto piú o meno innanzi che in basso, quanto il centro della detta gravità sarà piú remoto o propinquo al mezzo delle sue ale, cioè che il centro della gravità remoto dal mezzo delle ale fa il discenso dell'uccello molto obliquo, e se esso centro sarà vicino al mezzo delle ale, il discenso di tale uccello sarà di poca obliquità.

## PER FARE UNA FIGURA CHE SI DIMOSTRI ESSER ALTA BRACCIA QUARANTA IN SPAZIO DI BRACCIA VENTI ED ABBIA MEMBRA CORRISPONDENTI, E STIA DRITTA IN PIEDI

In questo ed in ogni altro caso non deve dar noia al pittore come si stia il muro, ovvero parete dove esso dipinge, e massime avendo l'occhio che riguarda tal pittura a vederla da una finestra, o da altro spiracolo; perché l'occhio non ha da attendere alla planizie ovvero curvità di esse pareti, ma solo alle cose che di là da tal parete si hanno a dimostrare per diversi luoghi della finta campagna. Ma meglio si farebbe tal figura nella curvità frg, perché in essa non sono angoli.

NOTE

[1] Le abbreviazioni che precedono i numeri 10 nella figura incisa significano "braccia."

## PER FARE UNA FIGURA NEL MURO DI DODICI BRACCIA, CHE APPARISCA D'ALTEZZA DI VENTIQUATTRO BRACCIA

Se vuoi fare una figura od altra cosa che apparisca d'altezza di ventiquattro braccia, farai in questa forma: figura prima la parete mn con la metà dell'uomo che vuoi fare; di poi l'altra metà farai nella volta mr. Ma prima di fare la figura nella volta, fa sul piano d'una sala la parete della forma che sta il muro con la volta dove tu hai a fare la tua figura, dipoi farai dietro ad essa parete la figura disegnata in profilo di che grandezza ti piace, e tira tutte le sue linee al punto t; e nel modo ch'esse si taglino sulla parete rn, cosí la figurerai sul muro, che ha similitudine con la parete, ed avrai tutte le altezze e sporti della figura; e le larghezze, ovvero grossezze che si trovano nel muro dritto mn, le farai in propria forma, perché nel fuggir del muro la figura diminuisce per se medesima. La figura che va nella volta ti bisogna diminuirla, come se essa fosse dritta, la quale diminuzione ti bisogna fare in su una sala ben piana; e lí sarà la figura che leverai dalla parete nr con le sue vere grossezze, e ridiminuirle in una parete di rilievo sarà buon modo.

## PITTURA E SUA MEMBRIFICAZIONE E COMPONITORI

Luce, tenebre, colore, corpo, figura, sito, remozione, propinquità, moto e quiete. Di queste dieci parti dell'ufficio dell'occhio la pittura ne ha sette, delle quali la prima è luce, tenebre, colore, figura, sito, remozione, propinquità. Io ne levo il corpo, il moto e la quiete; e restano cioè luce e tenebre, che vuol dire ombra e lume, o vuoi dire chiaro e scuro, e colore; il corpo non ci metto, perché la pittura è in sé cosa superficiale, e la superficie non ha corpo, com'è definito in geometria. A dir meglio, ciò ch'è visibile, è connumerato nella scienza della pittura. Adunque i dieci predicamenti dell'occhio detti di sopra, ragionevolmente sono i dieci libri in che io parto la mia pittura; ma luce e tenebre sono un sol libro, che tratta di lume ed ombra, e fassene un medesimo libro perché l'ombra è circondata, ovvero in contatto del lume. E il simile accade al lume coll'ombra, e sempre ne' confini si mischiano insieme lume ed ombra.

E tanto piú l'ombra derivativa si mischia col lume, quanto essa è piú distante dal corpo ombroso. Ma il colore non si vedrà mai semplice. Provasi per la nona, che dice: la superficie d'ogni corpo partecipa del colore del suo obietto, ancoraché essa sia superficie di corpo trasparente, come aria, acqua e simili; perché l'aria piglia la luce dal sole, e le tenebre nascono dalla privazione d'esso sole. Adunque l'aria si tinge in tanti varî colori quanti son quelli onde essa s'interpone infra l'occhio e loro, perché l'aria in sé non ha colore piú che n'abbia l'acqua, ma l'umido che si mischia con essa dalla mezza regione in giú è quello che la ingrossa, e, ingrossando, i raggi solari che vi percuotono l'illuminano, e l'aria che è da detta mezza regione in su resta tenebrosa; e perché luce e tenebre compongono colore azzurro, questo è l'azzurro in che si tinge l'aria, con tanta maggiore o minore oscurità quanto l'aria è mista con minore o maggiore umidità.

## PITTURA E SUA DEFINIZIONE

La pittura è composizione di luce e di tenebre, insieme mista colle diverse qualità di tutti i colori semplici e composti.

## PITTURA A LUME UNIVERSALE

Usa sempre nelle moltitudini d'uomini e d'animali di fare le parti delle loro figure, ovvero corpi, tanto piú oscure quanto esse sono piú basse e quanto esse sono piú vicine al mezzo della loro moltitudine, ancoraché essi sieno in sé d'uniforme colore; e questo è necessario, perché minor quantità del cielo, illuminatore dei corpi, si vede ne' bassi spazi interposti fra i detti animali, che nelle parti supreme de' medesimi spazi. Provasi per la figura qui posta, dove abcd è posto per l'arco del cielo, universale illuminatore de' corpi ad esso interiori; n m sono i corpi che terminano lo spazio sfrh infra loro interposto, nel quale spazio si vede manifestamente che il sito t (essendo solo illuminato dalla parte del cielo cd) è illuminato da minor parte del cielo che il sito e, il quale è veduto dalla parte del cielo ab che è tre tanti maggiore che il cielo cd; adunque sarà piú illuminata tre tanti in e che in t.

## DE' CAMPI PROPORZIONATI AI CORPI CHE IN ESSI CAMPEGGIANO, E PRIMA DELLE SUPERFICIE PIANE D'UNIFORME COLORE

I campi di qualunque superficie piana e di colore e lume uniformi non parranno separati da essa superficie, essendo del medesimo colore e lume.

Adunque, per il converso parranno separati, se seguita conclusione conversa.

## PITTURA: DI FIGURA E CORPO

I corpi regolari sono di due sorta, l'uno de' quali è vestito di superficie curva, ovale o sferica, l'altro è circondato di superficie laterata, regolare o irregolare. I corpi sferici, ovvero ovali, paiono sempre separati dai loro campi, ancoraché esso corpo sia del colore del suo campo, ed il simile accadrà de' corpi laterati; e questo accade per essere disposti alla generazione delle ombre da qualcuno de' loro lati, il che non può accadere nelle superficie piane.

## PITTURA: MANCHERÀ PRIMA DI NOTIZIA LA PARTE DI QUEL CORPO CHE SARÀ DI MINOR QUANTITÀ

Delle parti di quei corpi che si rimuovono dall'occhio, quella mancherà prima di notizia la quale sarà di minor figura; ne segue che la parte di maggior quantità sarà l'ultima a mancare di sua notizia. Adunque, tu, pittore, non finire i piccoli membri di quelle cose che sono molto remote dall'occhio, ma seguita la regola data nel sesto.

Quanti sono quelli che nel figurar le città ed altre cose remote dall'occhio fanno i termini notissimi degli edifici non altrimenti che se fossero in vicinissime propinquità; e questo è impossibile in natura, perché nessuna potentissima vista è quella che in sí vicina propinquità possa vedere i predetti termini con vera notizia, perché i termini d'essi corpi sono termini delle loro superficie, ed i termini delle superficie sono linee, le quali linee non sono parte alcuna della quantità di essa superficie, né anche dell'aria che di sé veste tal superficie. Adunque quello che non è parte d'alcuna cosa è invisibile, come è provato in geometria. E se tu, pittore, farai essi termini spediti e noti, come è in usanza, e' non sarà da te figurata sí remota distanza, che per tale difetto[1] non si dimostri vicinissima. Ancora gli angoli degli edifici son quelli che nelle distanti città non si debbono figurare, perché d'appresso è impossibile vederli, conciossiaché essi angoli sono il concorso di due linee in un punto, ed il punto non ha parte, adunque è invisibile.

## NOTE

[1] Nell'edizione romana, 1817: "effetto."

## PERCHÉ UNA MEDESIMA CAMPAGNA SI DIMOSTRA ALCUNA VOLTA MAGGIORE O MINORE CH'ESSA NON È

Mostransi le campagne alcuna volta maggiori o minori che esse non sono, per l'interposizione dell'aria piú grossa o sottile del suo ordinario, la quale s'interpone infra l'orizzonte e l'occhio che lo vede. Infra gli orizzonti di egual distanza dall'occhio, quello si dimostrerà esser piú remoto, il quale sarà veduto infra l'aria piú grossa, e quello si dimostrerà piú propinquo, che si vedrà in aria piú sottile. Una medesima cosa, veduta in distanze eguali, parrà tanto maggiore o minore, quanto l'aria interposta fra l'occhio e la cosa sarà piú grossa o sottile. E s'è la cosa veduta nel termine di cento miglia di distanza, le quali miglia sieno aria conforme e sottile, e che la medesima cosa sia veduta nel termine di esse cento miglia, le quali sieno di aria uniforme e grossa con grossezza quadrupla all'aria antidetta, senza dubbio le medesime cose vedute nella prima aria sottile, e poi vedute nella grossa, parranno quattro tanti maggiori che nella sottile.

Le cose ineguali, vedute in distanze eguali parranno eguali; se la grossezza dell'aria interposta infra l'occhio ed esse cose sarà ineguale, cioè l'aria grossa interposta infra la cosa minore; e questo si prova mediante la prospettiva de' colori, che fa che una gran montagna, parendo piccola alla misura, pare maggiore che una piccola vicino all'occhio, come spesso si vede che un dito vicino all'occhio copre una gran montagna discosta dall'occhio.

## PITTURA

Fra le cose di eguale oscurità, magnitudine, figura e distanza dall'occhio, quella si dimostrerà minore, che sarà veduta in campo di maggior splendore o bianchezza. Questo c'insegna il sole veduto dietro alle piante senza foglie, che tutte le loro ramificazioni che si trovano a riscontro del corpo solare sono tanto diminuite, che esse restano invisibili. Il simile farà un'asta interposta fra l'occhio e il corpo solare.

I corpi paralleli posti per lo dritto, essendo veduti infra la nebbia, s'hanno a dimostrar piú grossi da capo che da piedi. Provasi per la nona, che dice: la nebbia o l'aria grossa penetrata dai raggi solari si mostrerà tanto piú bianca, quanto essa è piú bassa.

Le cose vedute da lontano sono sproporzionate, e questo nasce perché la parte piú chiara manda all'occhio il suo simulacro con piú vigoroso raggio che non fa la parte sua oscura. Ed io vidi una donna vestita di nero con panno bianco in testa, che si mostrava due tanti maggiore che la grossezza delle sue spalle, le quali erano vestite di nero.

## DELLE CITTÀ ED ALTRE COSE VEDUTE ALL'ARIA GROSSA

Gli edifici delle città veduti sotto l'occhio ne' tempi delle nebbie e delle arie ingrossate dai fumi de' loro fuochi, od altri vapori, sempre saranno tanto

meno noti quanto e' sono in minor altezza, e per il converso saranno tanto
piú spediti e noti quanto si vedranno in maggior altezza. Provasi per la
quarta di questo, che dice: l'aria esser tanto piú grossa quanto è piú bassa, e
tanto piú sottile quanto è piú alta. E questo si dimostra per essa quarta
posta in margine; e diremo la torre af esser veduta dall'occhio n nell'aria
grossa, la quale si divide in quattro gradi, tanto piú grossi, quanto sono piú
bassi.

Quanto minor quantità d'aria s'interpone fra l'occhio e la cosa veduta, tanto
meno il colore d'essa cosa parteciperà del colore di tale aria. Seguita che
quanto maggior quantità sarà d'aria interposta infra l'occhio e la cosa
veduta, tanto piú la cosa parteciperà del colore dell'aria interposta.
Dimostrasi: essendo l'occhio n al quale concorrono le cinque specie delle
cinque parti della torre af, cioè abcdef, dico che se l'aria fosse d'uniforme
grossezza, tal proporzione avrebbe la partecipazione del colore dell'aria che
acquista il piè della torre, f, con la partecipazione del colore dell'aria che
acquista la parte della torre b, quale è la proporzione che ha la lunghezza
della linea fm con la linea bs. Ma per la passata, che prova l'aria non essere
uniforme nella sua grossezza, ma tanto piú grossa quanto essa è piú bassa,
egli è necessario che la proporzione de' colori in che l'aria tinge di sé le parti
della torre b ed f sieno di maggior proporzione che la proporzione
sopradetta, conciossiaché la linea mf, oltre all'essere piú lunga che la linea
sb, passa per l'aria, che ha grossezza uniformemente disforme.

## DE' RAGGI SOLARI CHE PENETRANO GLI SPIRACOLI DE' NUVOLI

I raggi solari penetratori degli spiracoli interposti infra le varie densità e
globosità de' nuvoli, illuminano tutti i siti dove si tagliano, ed illuminano
anche le tenebre, e tingono di sé tutti i luoghi oscuri che sono dopo loro, le
quali oscurità si dimostrano infra gli intervalli di essi raggi solari.

## DELLE COSE CHE L'OCCHIO VEDE SOTTO SÉ MISTE INFRA NEBBIA ED ARIA GROSSA

Quanto l'aria sarà piú vicina all'acqua o alla terra, tanto si farà piú grossa.
Provasi per la diciannovesima del secondo, che dice: quella cosa meno si
leverà che avrà in sé maggior gravezza; ne seguita che la piú lieve piú
s'innalza che la grave; adunque è concluso il nostro proposito.

## DEGLI EDIFICI VEDUTI NELL'ARIA GROSSA

Quella parte dell'edificio sarà manco evidente, che si vedrà in aria di
maggior grossezza; e cosí di converso sarà piú nota quella che si vedrà in

aria piú sottile. Adunque l'occhio n, vedendo la torre ad, ne vedrà in ogni grado di bassezza parte manco nota e piú chiara, ed in ogni grado d'altezza parte piú nota e meno chiara.

## DELLA COSA CHE SI MOSTRA DA LONTANO

Quella cosa oscura si dimostrerà piú chiara, la quale sarà piú remota dall'occhio. Seguita per il converso che la cosa oscura si dimostrerà di maggiore oscurità la quale si troverà piú vicina all'occhio. Adunque le parti inferiori di qualunque cosa posta nell'aria grossa parranno piú remote da piedi che nelle loro sommità, e per questo la vicina base del monte parrà piú lontana che la cima del medesimo monte, la quale in sé è piú remota.

## DELLA VEDUTA DI UNA CITTÀ IN ARIA GROSSA

L'occhio che sotto di sé vede la città in aria grossa, vede le sommità degli edifici piú oscure e piú note che il loro nascimento, e vede le dette sommità in campo chiaro, perché le vede nell'aria bassa e grossa; e questo avviene per la passata.

## DE' TERMINI INFERIORI DELLE COSE REMOTE

I termini inferiori delle cose remote saranno meno sensibili che i loro termini superiori; e questo accade assai alle montagne e ai colli, le cime de' quali si facciano campi de' lati delle altre montagne che sono dopo loro; ed a queste si vedono i termini di sopra piú spediti che le loro basi, perché il termine di sopra è piú oscuro, per esser meno occupato dall'aria grossa, la quale sta ne' luoghi bassi; e questa è quella che confonde i detti termini delle basi de' colli: ed il medesimo accade negli alberi e negli edifici ed altre cose che s'innalzano infra l'aria; e di qui nasce che spesso le alte torri vedute in lunga distanza paiono grosse da capo e sottili da piedi, perché la parte di sopra mostra gli angoli de' lati che terminano con la fronte, perché l'aria sottile non te li cela, come la grossa a quelli da piedi; e questo accade per la settima del primo, che dice: dove l'aria grossa s'interpone infra l'occhio e il sole, è piú lucente in basso che in alto; e dove l'aria è piú bianca, essa occupa all'occhio piú le cose oscure che se tale aria fosse azzurra, come si vede in lunga distanza i merli delle fortezze avere gli spazi loro eguali alla larghezza de' merli, e pare assai maggiore lo spazio che il merlo; ed in distanza piú remota lo spazio occupa e cuopre tutto il merlo, e tal fortezza sol mostra il muro dritto e senza merli.

## DELLE COSE VEDUTE DA LONTANO

I termini di quell'obietto saranno manco noti, che saranno veduti in maggior distanza.

## DELL'AZZURRO DI CHE SI MOSTRANO ESSERE I PAESI LONTANI

Delle cose remote dall'occhio, le quali sieno di che color si voglia, quella si dimostrerà di colore piú azzurro, la quale sarà di maggiore oscurità naturale o accidentale. Naturale è quella che è oscura da sé; accidentale è quella che è oscurata mediante l'ombra che le è fatta da altri obietti.

## QUALI SONO QUELLE PARTI DE' CORPI DELLE QUALI PER DISTANZA MANCA LA NOTIZIA

Quelle parti de' corpi che saranno di minor quantità saranno le prime delle quali per lunga distanza si perde la notizia. Questo accade perché le specie delle cose minori in pari distanza vengono all'occhio con minor angolo che le maggiori, e la cognizione delle cose remote è di tanto minor notizia quanto esse sono di minor quantità. Seguita dunque, che quando la quantità maggiore in lunga distanza viene all'occhio per angolo minimo, e quasi si perde di notizia, la quantità minore del tutto manca della sua cognizione.

## PERCHÉ LE COSE QUANTO PIÚ SI RIMUOVONO DALL'OCCHIO MANCO SI CONOSCONO

Quella cosa sarà manco nota, la quale sarà piú remota dall'occhio. Questo accade perché prima si perdono le parti che sono piú minute, e le seconde, meno minute, sono perse nella maggior distanza; e cosí successivamente seguitando a poco a poco, consumandosi le parti, si consuma la notizia della cosa remota, in modo che alla fine si perdono tutte le parti insieme col tutto; e manca ancora il colore per causa della grossezza dell'aria che s'interpone infra l'occhio e la cosa veduta.

## PERCHÉ LE TORRI PARALLELE PAIONO NELLE NEBBIE PIÚ STRETTE DA PIEDI CHE DA CAPO

Le torri parallele nella nebbia si dimostrano in lunga distanza piú sottili da piedi che da capo, perché la nebbia che loro fa campo è piú spessa e piú bianca da basso che da alto; onde per la terza di questo che dice: la cosa scura posta in campo bianco diminuisce all'occhio la sua grandezza, e il converso che dice: la cosa bianca posta in campo scuro si dimostra piú grossa che in campo chiaro, seguita che la bassezza della torre oscura avendo per campo la bianchezza della bassa e folta nebbia, essa nebbia cresce in dimostrazione sopra i termini inferiori di tale torre e li diminuisce; il che far non può tal nebbia ne' termini superiori della torre dove la nebbia è piú sottile.

## PERCHÉ I VOLTI DA LONTANO PAIONO OSCURI

Noi vediamo chiaro che tutte le similitudini delle cose evidenti che ci sono per obietto, cosí grandi come piccole, entrano al senso per la piccola luce dell'occhio. Se per sí piccola entrata passa la similitudine della grandezza del cielo e della terra, essendo il volto dell'uomo infra sí grandi similitudini di cose quasi niente, per la lontananza che lo diminuisce, occupa sí poco d'essa luce, che rimane incomprensibile; ed avendo da passare dalla superficie all'impressiva per un mezzo oscuro, cioè il nervo vuoto, che pare oscuro, quella specie, non essendo di color potente, si tinge in quella oscurità della via, e giunta alla impressiva pare oscura. Altra cagione non si può in nessun modo integrare. Se quel punto è nero, che sta nella luce, è perché egli è pieno d'un umore trasparente a guisa d'aria, e fa l'ufficio che farebbe un buco fatto in un'asse, che a riguardarlo par nero, e le cose vedute per l'aria chiara e scura si confondono nell'oscurità.

## PERCHÉ L'UOMO VISTO A CERTA DISTANZA NON È CONOSCIUTO

La prospettiva diminuita ci dimostra, che quanto la cosa è piú lontana, piú si fa piccola. E se tu riguarderai un uomo che sia distante da te una balestrata, e ti parrà la finestra di una piccola agucchia appresso all'occhio, potrai vedere per quella molti uomini mandare le loro similitudini all'occhio, e in un medesimo tempo tutte capiranno in detta finestra. Adunque, se l'uomo lontano una balestrata manda la sua similitudine all'occhio, che occupa una piccola parte di una finestra d'agucchia, come potrai tu in sí piccola figura scorgere o vedere il naso, o bocca, od alcuna particola di esso corpo? E non vedendosi, non potrai conoscere l'uomo che non mostra le membra, le quali fanno gli uomini di diverse forme.

## QUALI SONO LE PARTI CHE PRIMA SI PERDONO DI NOTIZIA NE' CORPI CHE SI RIMUOVONO DALL'OCCHIO, E QUALI PIÚ SI CONSERVANO

Quella parte del corpo che si rimuove dall'occhio è quella che meno conserva la sua evidenza, la quale è di minor figura. Questo accade ne' lustri de' corpi sferici o colonnali, e nelle membra piú sottili de' corpi, come il cervo, che prima si rimane di mandar all'occhio le specie, ovvero similitudini delle sue gambe e corna che il suo busto, il quale, per esser piú grosso, piú si conserva nelle sue specie. Ma la prima cosa che si perde in distanza sono i lineamenti, che terminano le superficie e figure de' corpi.

## DELLA PROSPETTIVA LINEARE

La prospettiva lineale si estende nell'ufficio delle linee visuali a provare per misura quanto la cosa seconda è minore che la prima, e la terza che la seconda, e cosí di grado in grado insino al fine delle cose vedute. Trovo per esperienza che la cosa seconda, se sarà tanto distante dalla prima quanto la prima è distante dall'occhio tuo, che, benché infra loro sieno di pari grandezza, la seconda sarà minore che la prima; e se la terza cosa sarà di pari grandezza della seconda e prima innanzi ad essa, sarà lontana dalla seconda quanto la seconda dalla prima, sarà di un terzo della grandezza della prima; e cosí, di grado in grado, per pari distanza faranno sempre diminuzione proporzionata la seconda dalla prima, purché l'intervallo non passi dentro al numero di venti braccia; e infra dette venti braccia la figura simile a te perderà due quarti di sua grandezza, ed infra quaranta perderà tre quarti e poi cinque sesti in sessanta braccia, e cosí di mano in mano farà sua diminuzione, facendo la parete lontana da te due volte la tua grandezza, ché il farla una sola fa gran differenza dalle prime braccia alle seconde.

## DE' CORPI VEDUTI NELLA NEBBIA

Quelle cose le quali saranno vedute nella nebbia si dimostreranno maggiori assai che la loro vera grandezza; e questo nasce perché la prospettiva del mezzo interposto infra l'occhio e tale obietto non accorda il color suo con la magnitudine di esso obietto, perché tal nebbia è simile alla confusa aria interposta infra l'occhio e l'orizzonte in tempo sereno, ed il corpo vicino all'occhio veduto dopo la vicina nebbia si mostra essere alla distanza dell'orizzonte, nel quale una grandissima torre si dimostrerebbe minore che il predetto uomo, stando vicino.

## DELLE ALTEZZE DEGLI EDIFICI VISTI NELLE NEBBIE

Quella parte del vicino edificio si mostra piú confusa, la quale è piú remota da terra; e questo nasce perché piú nebbia è infra l'occhio e la cima dell'edificio, che non è dall'occhio alla sua base. La torre parallela veduta in lunga distanza infra la nebbia si dimostrerà tanto piú sottile, quanto essa sarà piú vicina alla sua base. Questo nasce per la passata, che dice: la nebbia si dimostra tanto piú bianca e piú spessa, quanto essa è piú vicina alla terra, e per la seconda di questo, che dice: la cosa oscura parrà di tanto minor figura quanto essa sarà veduta in campo di piú potente bianchezza. Adunque, essendo piú bianca la nebbia da piedi che da capo, è necessario che l'oscurità di tal torre si dimostri piú stretta da piedi che da capo.

## DELLE CITTÀ ED ALTRI EDIFICI VEDUTI LA SERA O LA MATTINA NELLA NEBBIA

Negli edifici veduti in lunga distanza da sera o da mattina nella nebbia od aria grossa, solo si dimostra la chiarezza delle loro parti illuminate dal sole, che si trova inverso l'orizzonte, e le parti de' detti edifici che non sono vedute dal sole restano quasi del colore di mediocre oscurità di nebbia.

## PERCHÉ LE COSE PIÚ ALTE POSTE NELLA DISTANZA SONO PIÚ OSCURE CHE LE BASSE, ANCORACHÉ LA NEBBIA SIA UNIFORME IN GROSSEZZA

Delle cose poste nella nebbia, od altra aria grossa, o per vapore, o per fumo, o per distanza, quella sarà tanto piú nota, che sarà piú alta; e delle cose di eguale altezza quella parrà piú oscura, che campeggia in piú profonda nebbia, come accade all'occhio h, che vedendo a b c torri di eguale altezza infra loro, vede c, sommità della prima torre, in r, bassezza di due gradi di profondità nella nebbia, e vede la sommità della torre di mezzo b in un sol grado di nebbia; adunque c sommità si dimostra piú oscura che la sommità della torre b.

## DELLE MACCHIE DELLE OMBRE CHE APPARISCONO NE' CORPI DA LONTANO

Sempre la gola od altra perpendicolare dirittura che sopra di sé abbia alcuno sporto sarà piú oscura che la faccia perpendicolare di esso sporto; ne seguita che quel corpo si dimostrerà piú illuminato, che da maggior somma di un medesimo lume sarà veduto. Vedi in a che non v'illumina parte alcuna del cielo fk, ed in b vi illumina il cielo ik, ed in c il cielo hk, ed in d il cielo gk, ed in e il cielo fk integralmente; adunque il petto sarà di pari chiarezza della fronte, naso e mento. Ma quello che io ti ho a ricordare de' volti, è che tu consideri in quelli come in diverse distanze si perdono diverse qualità d'ombre, e solo restano quelle prime macchie, cioè della incassatura dell'occhio ed altre simili, e nel fine il viso rimane oscuro, perché in quello si consumano i lumi, i quali sono piccola cosa a comparazione delle ombre mezzane, per la qual cosa a lungo andare si consuma qualità e quantità de' lumi ed ombre principali, e si confonde ogni qualità in un'ombra mezzana. E questa è la causa che gli alberi ed ogni corpo a certa distanza si dimostrano farsi in sé piú oscuri che essendo quelli medesimi vicini all'occhio; la quale oscurità nell'aria che s'interpone infra l'occhio e la cosa fa che essa cosa si rischiara e pende in azzurro; ma piuttosto azzurreggia nelle ombre che nelle parti luminose, dove si mostra piú la verità de' colori.

## PERCHÉ SUL FAR DELLA SERA LE OMBRE DE' CORPI GENERATE IN BIANCA PARETE SONO AZZURRE

Le ombre de' corpi generate dal rossore del sole vicino all'orizzonte sempre saranno azzurre; e questo nasce per l'undecima, dove si dice: la superficie di ogni corpo opaco partecipa del colore del suo obietto. Adunque, essendo la bianchezza della parete privata al tutto d'ogni colore, si tinge del colore de' suoi obietti, i quali sono in questo caso il sole ed il cielo, perché il sole rosseggia verso la sera, ed il cielo dimostra azzurro; e dove è l'ombra non vede il sole, per l'ottava delle ombre, che dice: il luminoso non vede mai le ombre da esso figurate;[1] e dove in tal parete non vede il sole, quivi è veduto dal cielo; adunque per la detta undecima, l'ombra derivativa avrà la percussione nella bianca parete di colore azzurro, ed il campo d'essa ombra veduto dal rossore del sole parteciperà del color rosso.

### NOTE

[1] Nel codice: «Nessun luminoso non vede mai,» ecc. Nell' edizione romana, 1817: «Nessun luminoso non vide mai le ombre del corpo da lui illuminato; quivi è veduto,» ecc.

## DOVE È PIÚ CHIARO IL FUMO

Il fumo veduto infra il sole e l'occhio sarà chiaro e lucido piú che alcun'altra parte del paese dove nasce; il medesimo fanno la polvere e la nebbia, le quali, se tu sarai ancora infra il sole e loro, ti parranno oscure.

## DELLA POLVERE

La polvere che si leva per il corso d'alcun animale, quanto piú si leva, piú è chiara, e cosí piú è oscura, quanto meno s'innalza, stante essa infra il sole e l'occhio.

## DEL FUMO

Il fumo è piú trasparente ed oscuro inverso gli estremi delle sue globulenze che inverso i loro mezzi.
Il fumo si muove con tanto maggiore obliquità, quanto il vento suo motore è piú potente.
Sono i fumi di tanti varî colori, quante sono le varietà delle cose che li generano.

I fumi non fanno ombre terminate, ed i loro confini sono tanto meno noti, quanto essi sono piú distanti dalle loro cause; e le cose poste dopo loro sono tanto meno evidenti, quanto i gruppi del fumo sono piú densi; e tanto piú son bianchi, quanto sono piú vicini al principio, e piú azzurri inverso il fine.

Il fuoco parrà tanto piú scuro, quanto maggior somma di fumo s'interporrà infra l'occhio ed esso fuoco.

Dove il fumo è piú remoto, le cose sono da esso meno occupate.

Fa il paese con fumo ad uso di spessa nebbia, nella quale si vedano fumi in diversi luoghi con le loro fiamme ne' principî illuminatrici delle piú dense globulenze d'essi fumi; ed i monti piú alti, piú sieno evidenti che le loro radici, come fare si vede nelle nebbie.[1]

NOTE

[1] Nota del codice: «Era sotto di questo capitolo un rompimento di montagna, per dentro dalla quali rotture scherzavano fiamme di fuoco, disegnate di penna ed ombrate di acquarella, da vedere cosa mirabile e viva.»

PITTURA

La superficie di ogni opaco partecipa del colore del suo obietto, e tanto piú, quanto tal superficie si avvicina a maggior bianchezza.

La superficie d'ogni opaco partecipa del colore del mezzo trasparente interposto infra l'occhio ed essa superficie: e tanto piú, quanto esso mezzo è piú denso, o con maggiore spazio s'interpone infra l'occhio e la detta superficie.

I termini de' corpi opachi saranno meno noti quanto saranno piú distanti dall'occhio che li vede.

DELLA PARTE DEL CORPO OPACO

Quella parte del corpo opaco sarà piú ombrata o illuminata, che sarà piú vicina all'ombroso che l'oscura, o al luminoso che l'illumina.

La superficie d'ogni corpo opaco partecipa del colore del suo obietto, ma con tanto maggiore o minore impressione quanto esso obietto è piú vicino o remoto, o di maggiore o minor potenza.

Le cose vedute infra il lume e le ombre si dimostreranno di maggior rilievo che quelle che sono nel lume o nelle ombre.

PRECETTO DI PITTURA

Quando tu farai nelle lunghe distanze le cose cognite e spedite, esse cose non distanti ma propinque si dimostreranno. Adunque, nella tua imitazione fa che le cose abbiano quella parte della cognizione che mostrano le distanze; e se la cosa che ti sta per obietto sarà di termini confusi e dubbiosi, ancora tu farai il simile nel tuo simulacro.

Le cose distanti per due diverse cause si dimostrano di confusi e dubbiosi termini; l'una delle quali è che viene per tanto piccolo angolo all'occhio, ch'essa diminuisce tanto, che fa l'ufficio delle cose minime, che, ancoraché esse sieno vicine all'occhio, l'occhio non può comprendere di che figura si sia tal corpo, come sono le unghie delle dita delle formiche e simili cose. La seconda è, che infra l'occhio e le cose distanti s'interpone tanto d'aria che essa si fa spessa e grossa; per la sua bianchezza essa tinge le ombre e le vela della sua bianchezza, e le fa oscure d'un colore il quale è tra nero e bianco, quale è l'azzurro.

Benché per le lunghe distanze si perda la cognizione dell'essere di molte cose, nondimeno quelle che saranno illuminate dal sole si renderanno di piú certa dimostrazione, e le altre nelle confuse nebbie parranno involte.

Perché in ogni grado di bassezza l'aria acquista parte di grossezza, le cose che saranno piú basse si dimostreranno piú confuse, e cosí di converso.

Quando il sole fa rosseggiare i nuvoli dell'orizzonte, le cose che per la distanza si vestivano d'azzurro saranno partecipanti di tal rossore, onde si farà una mistione infra azzurro e rosso, la quale renderà la campagna molto allegra e gioconda; e tutte le cose che saranno illuminate da tal rossore, che sono dense, saranno molto evidenti, e rosseggieranno; e l'aria per esser trasparente avrà in sé per tutto infuso tal rosseggiamento, onde si dimostrerà del color del fiore de' gigli.

Sempre quell'aria che sta infra il sole e la terra, quando si leva o pone, sarà piú occupatrice delle cose che sono dopo essa che nessun'altra parte d'aria; e questo nasce dall'essere essa piú biancheggiante.

## DE' TERMINI DELLA COSA BIANCA

Non sian fatti profili ne' termini di un corpo che campeggi sopra un altro, ma solo esso corpo per sé si spiccherà.

Se il termine della cosa bianca si scontrerà sopra altra cosa bianca, se esso sarà curvo, creerà termine oscuro per sua natura, e sarà la piú oscura parte che abbia la parte luminosa, e se campeggierà in luogo oscuro, esso termine parrà la piú chiara parte che abbia la parte luminosa.

Quella cosa parrà piú remota e spiccata dall'altra che campeggierà in campo piú vario da sé.

Nelle distanze si perdono prima i termini de' corpi che hanno colori simili, e che il termine dell'uno sia sopra dell'altro, come il termine d'una quercia sopra un'altra quercia simile. Secondo, in maggior distanza si perderanno i termini dei corpi di colori mezzani terminati l'uno sopra dell'altro, com'è verde, cioè alberi, terreno lavorato, muraglie, od altre rovine di monti o di sassi. Per ultimo si perderanno i termini de' corpi, terminati il chiaro nell'oscuro e l'oscuro nel chiaro.

## PRECETTO

Infra le cose di eguale altezza che sopra l'occhio sieno situate, quella che sarà piú remota dall'occhio parrà piú bassa. E se sarà situata sotto l'occhio, la piú vicina ad esso occhio parrà piú bassa; e le laterali parallele concorreranno in un punto.

Manco sono evidenti ne' siti lontani le cose che sono d'intorno ai fiumi, che quelle che da tali fiumi o paduli sono remote.

Infra le cose di eguale spessitudine, quelle che saranno piú vicine all'occhio parranno piú rare, e le piú remote si mostreranno piú spesse.

L'occhio che sarà di maggior pupilla vedrà l'obietto di maggior figura. Questo si dimostra nel guardare un corpo celeste per un piccolo spiracolo fatto con l'ago nella carta, che per non poter operare di essa luce se non una piccola parte, esso corpo pare diminuire tanto della sua grandezza, quanto la parte della luce che lo vede è mancante del suo tutto.

L'aria che è ingrossata, e s'interpone infra l'occhio e la cosa, ti rende essa cosa d'incerti e confusi termini, e fa esso obietto parere di maggior figura che non è. Questo nasce perché la prospettiva lineale non diminuisce l'angolo che porta le sue specie all'occhio, e la prospettiva de' colori la spinge e rimuove in maggior distanza che essa non è; sicché l'una la rimuove dall'occhio, e l'altra le conserva la sua magnitudine.

Quando il sole è in occidente, le nebbie che ricadono ingrossano l'aria e le cose che non sono vedute dal sole restano oscure e confuse, e quelle che dal sole sono illuminate rosseggiano e gialleggiano, secondo che il sole si dimostra all'orizzonte. Ancora le cose che da questo sono illuminate sono forte evidenti, e massime gli edifici e le case delle città e ville, perché le loro ombre sono oscure, e pare che tale loro certa dimostrazione nasca di confusi ed incerti fondamenti; perché ogni cosa è d'un colore, se non è veduta da esso sole.

Quando il sole è in occidente, i nuvoli che infra esso e te si trovano sono illuminati di sotto, ché vedono il sole, e gli altri di qua sono oscuri, ma di scuro rosseggiante, ed i trasparenti hanno poche ombre.

La cosa illuminata dal sole è ancora illuminata dall'aria, in modo che si creano due ombre, delle quali quella sarà piú oscura, che avrà la sua linea centrale dritta al centro del sole. Sempre la linea centrale del lume primitivo e derivativo sarà con la linea centrale delle ombre primitive o derivative.

Bello spettacolo fa il sole quando è in ponente, il quale illumina tutti gli alti edifici delle città e castella, e gli alti alberi delle campagne, e li tinge del suo colore; e tutto il resto da lí in giú rimane di poco rilievo, perché, essendo solamente illuminato dall'aria, hanno poca differenza le ombre dai lumi, e per questo non spiccano troppo; e le cose che infra queste piú s'innalzano sono tocche dai raggi solari, e, come si è detto, si tingono nel loro colore; onde tu hai a torre del colore di che tu fai il sole, e ne hai a mettere in qualunque color chiaro con il quale tu illumini essi corpi.

Ancora spesse volte accade che un nuvolo parrà oscuro senza avere ombra da altro nuvolo da esso separato; e questo accade secondo il sito dell'occhio, perché dell'uno vicino vede solo la parte ombrosa, e degli altri vede l'ombrosa e la luminosa.

Infra le cose di eguale altezza, quella che sarà piú distante dall'occhio parrà piú bassa. Vedi che il nuvolo primo, ancoraché sia piú basso che il secondo, pare piú alto di questo, come ti dimostra nella parete il tagliamento della piramide del primo nuvolo basso in no, e nel secondo piú alto in nm, sotto on. Questo nasce quando ti par vedere un nuvolo oscuro piú alto che un nuvolo chiaro per i raggi del sole o in oriente o in occidente.

## PERCHÉ LA COSA DIPINTA, ANCORACHÉ ESSA VENGA ALL'OCCHIO PER QUELLA MEDESIMA GROSSEZZA D'ANGOLO CHE QUELLA CHE È PIÚ REMOTA DI ESSA, NON PARE TANTO REMOTA QUANTO QUELLA DELLA REMOZIONE NATURALE

Diciamo: io dipingo sulla parete ab una cosa che abbia a parere distante un miglio, e dipoi io gliene metto allato una che ha la vera distanza di un miglio, le quali due cose sono in modo ordinate, che la parete ac taglia le piramidi con egual grandezza; nientedimeno mai con due occhi parranno di egual distanza.

## PITTURA

Principalissima parte della pittura sono i campi delle cose dipinte, ne' quali campi i termini de' corpi naturali che hanno in essi curvità convessa sempre si conoscono le figure di tai corpi in essi campi, ancoraché i colori de' corpi sieno del medesimo colore del predetto campo. E questo nasce perché i termini convessi de' corpi non sono illuminati nel medesimo modo che dal medesimo lume è illuminato il campo, perché tal termine molte volte è piú chiaro o piú oscuro che esso campo. Ma se tal termine è del colore di tal campo, senza dubbio tal parte di pittura proibirà la notizia della figura di tal termine, e questa tale elezione di pittura è da essere schivata dagl'ingegni de' buoni pittori, conciossiaché l'intenzione del pittore è di far parere i suoi corpi di qua dai campi; e nel sopradetto caso accade il contrario, non che in pittura, ma nelle cose di rilievo.

## DEL GIUDIZIO CH'HAI DA FARE SOPRA UN'OPERA D'UN

PITTORE

Prima è che tu consideri le figure, se hanno il rilievo qual richiede il sito ed il lume che le illumina, e che le ombre non sieno quelle medesime negli estremi dell'istoria che nel mezzo, perché altra cosa è l'essere circondato dall'ombra, ed altra è l'aver l'ombra da un sol lato. Quelle sono circondate dalle ombre, che sono inverso il mezzo dell'istoria, perché sono adombrate dalle figure interposte infra esse ed il lume: e quelle sono adombrate da un solo lato, le quali sono interposte infra il lume e l'istoria, perché dove non vede il lume, vede l'istoria, e vi rappresenta l'oscurità d'essa istoria, e dove non vede l'istoria, vede lo splendore del lume, e vi si rappresenta la sua chiarezza.

Secondaria è che il seminamento, ovvero compartizione delle figure, sia secondo il caso del quale tu vuoi che sia essa istoria.

Terza, che le figure sieno con prontitudine intente al loro particolare.

## DEL RILIEVO DELLE FIGURE REMOTE DALL'OCCHIO

Quel corpo opaco si dimostrerà essere di minor rilievo, il quale sarà piú distante dall'occhio; e questo accade perché l'aria interposta fra l'occhio ed esso corpo opaco, per esser essa cosa chiara piú che l'ombra di tal corpo, corrompe essa ombra, e la rischiara, e le toglie la potenza della sua oscurità, la qual cosa è causa di farle perdere il suo rilievo.

## DE' TERMINI DE' MEMBRI ILLUMINATI

Il termine di quel membro illuminato parrà piú oscuro, che sarà veduto in campo piú chiaro, e cosí parrà piú chiaro quello che sarà veduto in campo piú oscuro; e se tal termine sarà piano e veduto in campo chiaro simile alla chiarezza sua, il termine sarà insensibile.

## DE' TERMINI

I termini delle cose seconde non saranno mai cogniti come i primi. Adunque tu, pittore, non terminare immediate le cose quarte con le quinte, come le prime con le seconde, perché il termine d'una cosa in un'altra è di natura di linea matematica, ma non linea; perché il termine d'un colore è principio d'un altro colore, e non ha da essere però detto linea, perché nessuna cosa s'interpone infra il termine di un colore che sia anteposto ad un altro colore, se non è il termine, il quale è cosa insensibile d'appresso; adunque tu, pittore, non lo pronunziare nelle cose distanti.

## DELLE INCARNAZIONI E FIGURE REMOTE DALL'OCCHIO

Devesi per lo pittore porre nelle figure e cose remote dall'occhio solamente le macchie, non terminate, ma di confusi termini; e sia fatta l'elezione di tali figure quando è nuvolo, o in sulla sera, e sopratutto guardisi, come ho detto, dai lumi ed ombre terminate, perché paiono poi tinte quando si vedono da lontano, e riescono poi opere difficili e senza grazia. E ti hai a ricordare che mai le ombre sieno di qualità, che per la loro oscurità tu abbia a perdere il colore ove si causano, se già il luogo dove i corpi sono situati non fosse tenebroso; e non far profili, non disfilar capelli, non dar lumi bianchi, se non nelle cose bianche, e che essi lumi abbiano a dimostrare la prima bellezza del colore dove si posano.

## PITTURA

I termini e la figura di qualunque parte de' corpi ombrosi male si conoscono nelle ombre e ne' lumi loro; ma nelle parti interposte infra i lumi e le ombre le parti di essi corpi sono in primo grado di notizia.

## DISCORSO DI PITTURA

La prospettiva, la quale si estende nella pittura, si divide in tre parti principali, delle quali la prima è della diminuzione che fanno le quantità de' corpi in diverse distanze; la seconda parte è quella che tratta della diminuzione de' colori di tali corpi; la terza è quella che diminuisce la notizia delle figure e de' termini che hanno essi corpi in varie distanze.

## PITTURA

L'azzurro dell'aria è di color composto di luce e di tenebre; la luce dico per causa dell'aria illuminata nelle particole dell'umidità infra essa aria infusa; per le tenebre dico l'aria pura, la quale non è divisa in atomi, cioè particole d'umidità, nella quale s'abbiano a percuotere i raggi solari. E di questo si vede l'esempio nell'aria che s'interpone infra l'occhio e le montagne ombrose per le ombre della gran copia degli alberi che sopra esse si trovano, ovvero ombrose in quella parte che non è percossa dai raggi solari, la quale aria si fa azzurra, e non si fa azzurra nella parte sua luminosa, e peggio nella parte coperta di neve.
Fra le cose egualmente oscure e di egual distanza, quella si dimostrerà esser piú oscura, che terminerà in piú bianco campo, e cosí di converso.
Quella cosa che sarà dipinta di bianco e nero apparirà di miglior rilievo che alcun'altra. Però ricordati, pittore, di vestire le tue figure di colori piú chiari che tu puoi: ché se le farai di colore oscuro, saranno di poco rilievo e di poca evidenza da lontano, e questo perché le ombre di tutte le cose sono

oscure; e se farai una veste oscura, poco divario sarà dal lume alle ombre; e ne' colori chiari vi sarà gran differenza.

## PERCHÉ DI DUE COSE DI PARI GRANDEZZA PARRÀ MAGGIORE LA DIPINTA CHE QUELLA DI RILIEVO

Questa ragione non è di facile dimostrazione, come molte altre, ma pure mi ingegnerò di satisfare, se non in tutto, almeno in quel tanto che piú potrò. La prospettiva diminuita ci dimostra per ragione che le cose, quanto piú son lontane dall'occhio, piú diminuiscono, e queste ragioni ben son confermate dall'esperienza; adunque le linee visuali che si trovano infra l'obietto e l'occhio, quando s'estendono alla superficie della pittura, tutte si tagliano a un medesimo termine, e le linee che si trovano infra l'occhio e la scultura sono di varî termini e lunghezze. Quella linea è piú lunga che s'estende sopra un membro piú lontano che gli altri, e però quel membro pare minore, essendovi molte linee piú lunghe che le altre; e per cagione che vi sono molte particole piú lontane l'una che l'altra, ed essendo piú lontane, conviene ch'appariscano minori; apparendo minori, vengono a fare, pel loro diminuire, minore tutta la somma dell'obietto. E questo non accade nella pittura. Per le linee terminate ad una medesima distanza, conviene che sieno senza diminuzione; adunque le particole non diminuite non diminuiscono la somma dell'obietto; e per questo non diminuisce la pittura come la scultura.

## PERCHÉ LE COSE PERFETTAMENTE RITRATTE DI NATURALE NON PAIONO DEL MEDESIMO RILIEVO QUAL PARE ESSO NATURALE

Impossibile è che la pittura, imitata con somma perfezione di lineamenti, ombra, lume, colore, possa parere del medesimo rilievo qual pare il naturale, se già tal naturale in lunga distanza non è veduto da un sol occhio. Provasi, e sieno gli occhi a b i quali veggano l'obietto c col concorso delle linee centrali degli occhi ac e bc, le quali linee concorrono a tale obietto nel punto c; e le altre linee laterali di essa centrale vedono dietro a tal obietto lo spazio gd, e l'occhio a vede tutto lo spazio fd e l'occhio b vede tutto lo spazio ge. Adunque i due occhi vedono di dietro all'obietto c tutto lo spazio fe; per la qual cosa tal obietto c resta trasparente, secondo la definizione della trasparenza, dietro la quale niente si nasconde; il che intervenir non può a quello che vede con un sol occhio un obietto maggiore di esso occhio; né intervenire potrebbe a quell'occhio che vede obietti assai minori della sua pupilla, come in margine si dimostra. E per quello che si è detto possiamo conchiudere il nostro quesito: perché una cosa dipinta occupa tutto lo spazio che ha dietro a sé, e per nessuna via è possibile veder parte alcuna del campo ch'è dentro alla linea sua circonferenziale di dietro a sé.

## QUAL PARE PIÚ RILEVATO, O IL RILIEVO VICINO ALL'OCCHIO, O IL RILIEVO REMOTO DA ESSO OCCHIO

Quel corpo opaco si dimostrerà di maggior rilievo, il quale sarà piú vicino all'occhio; e per conseguenza la cosa piú remota si dimostrerà di minor rilievo, cioè meno spiccata dal suo campo. Provasi, e sia p la fronte dell'obietto ph, ch'è piú vicino all'occhio a che non è n, fronte dell'obietto nm, ed il campo dp è quello che si deve vedere dopo i primi due detti obietti dall'occhio a. Ora noi vediamo l'occhio a, che vede di là dall'obietto ph tutto il campo df, e non vede dopo il secondo obietto nm, se non la parte del campo dg. Adunque diremo, che tal proporzione sarà da dimostrazione a dimostrazione del rilievo de' due obietti, qual è da campo a campo, cioè dal campo dg al campo df.

### PRECETTO

Le cose di rilievo d'appresso viste con un sol occhio parranno simili ad una perfetta pittura.
Se vedrai con gli occhi a b il punto c, ti parrà esso c in d f; e se lo guardi coll'occhio solo g, ti parrà h in m; e la pittura non avrà mai in sé queste due varietà.

## DI FAR CHE LE COSE PAIANO SPICCATE DA' LOR CAMPI, CIOÈ DALLA PARETE DOVE SONO DIPINTE

Molto piú rilievo mostreranno le cose nel campo chiaro e illuminato che nell'oscuro. La ragione di quel che si propone è, che se tu vuoi dar rilievo alla tua figura, tu la fai che quella parte del corpo che è piú remota dal lume manco partecipi di esso lume; onde viene a rimanere piú oscura, e terminando poi in campo scuro, viene a cadere in confusi termini; per la qual cosa, se non vi accade riflesso, l'opera resta senza grazia, e da lontano non appariscono se non le parti luminose, onde conviene che le oscure paiano esser del campo medesimo; onde le cose paiono tagliate e rilevate tanto meno del dovere, quanto è l'oscuro.

### PRECETTO

Le figure hanno piú grazia poste ne' lumi universali che ne' particolari e piccoli, perché i gran lumi, non potenti, abbracciano i rilievi de' corpi, e le opere fatte in tali lumi appariscono da lontano con grazia; e quelle che sono ritratte a lumi piccoli pigliano gran somma d'ombra, e simili opere fatte con tali ombre mai appariscono dai luoghi lontani altro che tinte.

## COME LE FIGURE SPESSO SOMIGLIANO AI LORO MAESTRI

Questo accade, che il giudizio nostro è quello che muove la mano alle creazioni de' lineamenti di esse figure per diversi aspetti insino a tanto ch'esso si satisfaccia; e perché esso giudizio è una delle potenze dell'anima nostra, con il quale essa compose la forma del corpo, dov'essa abita, secondo il suo volere, onde, avendo colle mani a rifare un corpo umano, volentieri rifà quel corpo, di ch'essa fu prima inventrice. E di qui nasce che chi s'innamora, volentieri s'innamora di cose a sé somiglianti.

## DEL FIGURARE LE PARTI DEL MONDO

Sarai avvertito ancora, che ne' luoghi marittimi, o vicini a quelli volti alle parti meridionali, non farai il verno figurato negli alberi o prati come nelle parti remote da essi mari e settentrionali faresti, eccetto che negli alberi i quali ogni anno gittano le foglie.

## DEL FIGURARE LE QUATTRO COSE DE' TEMPI DELL'ANNO, O PARTECIPANTI DI QUELLE

Nell'autunno farai le cose secondo l'età di tal tempo, cioè nel principio cominciano ad impallidir le foglie degli alberi ne' piú vecchi rami, piú o meno secondo che la pianta è in luogo sterile o fertile, ed ancora piú pallide e rosseggianti a quelle specie d'alberi, i quali furono i primi a fare i loro frutti; e non fare come molti fanno, tutte le sorta degli alberi, ancoraché da te sieno egualmente distanti, di una medesima qualità di verde. Cosí dicendo de' prati, come delle piante ed altre qualità di terreni e sassi, e pedali delle predette piante, varia sempre, perché la natura è variabile in infinito, non che nelle specie, ma nelle medesime piante troverà varî colori, cioè nelle vimene son piú belle e maggiori le foglie che negli altri rami. Ed è tanto dilettevole natura e copiosa nel variare, che infra gli alberi della medesima natura non si troverebbe una pianta che appresso somigliasse all'altra, e non che le piante, ma i rami, o foglie, o frutti di quelle, non si troverà uno che precisamente somigli a un altro; sicché abbi tu avvertenza, e varia quanto piú puoi.

## DEL VENTO DIPINTO

Nella figurazione del vento, oltre al piegar de' rami ed al rovesciar foglie inverso l'avvenimento del vento, si deve raffigurare i rannugolamenti della sottil polvere mista con l'intorbidata aria.

## DEL PRINCIPIO DI UNA PIOGGIA

La pioggia cade infra l'aria, quella oscurando con livida tintura, pigliando dall'uno de' lati il lume del sole, e l'ombra dalla parte opposita, come si vede fare alle nebbie; ed oscurasi la terra, a cui da tal pioggia è tolto lo splendor del sole; e le cose vedute di là da essa sono di confusi ed inintelligibili termini, e le cose che saranno piú vicine all'occhio saranno piú note; e piú note saranno le cose vedute nella pioggia ombrosa, che quelle della pioggia illuminata. E questo accade perché le cose vedute nelle ombrose pioggie solo perdono i lumi principali; ma le cose che si vedono nelle luminose perdono il lume e le ombre, perché le parti luminose si mischiano con la luminosità dell'illuminata aria, e le parti ombrose sono rischiarate dalla medesima chiarezza della detta aria illuminata.[1]

## NOTE

[1] Nota nel codice: "Era a mezzo questo capitolo una città in iscorto, sopra della quale cadeva una pioggia rischiarata a loco a loco dal sole, tocca d'acquarella, cosa bellissima da vedere, pur di man propria dell'autore."

## DELLA DISPOSIZIONE DI UNA FORTUNA DI VENTI E DI PIOGGIA

Vedesi l'aria tinta di oscura nuvolosità negli apparecchi delle procelle, ovvero fortune del mare, le quali sono mischie di pioggie e di venti con serpeggiamenti de' tortuosi corsi delle minaccianti folgori celesti; e le piante piegate a terra colle rovesciate foglie sopra i declinanti rami, le quali paiono voler fuggire dai lor siti, come spaventate dalle percussioni degli orribili e spaventosi voli de' venti, fra i quali s'infondono i revertiginosi corsi della turbolenta polvere ed arena de' liti marini; l'oscuro orizzonte del cielo si fa campo di fumolenti nuvoli, i quali, percossi dai solari raggi penetrati per le opposite rotture de' nuvoli, percuotono la terra, quella illuminando sotto le loro percussioni; i venti persecutori della polvere, quella con gruppolenti globosità levano a balzo infra l'aria con colore cineruleo mista con i rosseggianti raggi solari di quella penetratori. Gli animali, senza guida spaventati, discorrono a rote per diversi siti; i tuoni creati nelle globulose nuvole scacciano da sé le infuriate saette, la luce delle quali illumina le ombrose campagne in diversi luoghi.

## DELLE OMBRE FATTE DA' PONTI SOPRA LA LORO ACQUA

Le ombre de' ponti non saranno mai vedute sopra le loro acque, se prima l'acqua non perde l'ufficio dello specchiare per causa di torbidezza. E questo si prova, perché l'acqua chiara è di superficie lustra e pulita, e specchia il ponte in tutti i luoghi interposti infra eguali angoli infra l'occhio ed il ponte, e specchia l'aria sotto il ponte, dove deve essere l'ombra di tal ponte, il che non può far l'acqua torbida, perché non specchia, ma ben riceve l'ombra, come farebbe una strada polverente.

## DE' SIMULACRI CHIARI O SCURI CHE S'IMPRIMONO SOPRA I LUOGHI OMBROSI E LUMINATI POSTI INFRA LA SUPERFICIE ED IL FONDO DELLE ACQUE CHIARE

Quando i simulacri degli obietti oscuri o luminosi s'imprimono sopra le parti oscure o illuminate de' corpi interposti infra il fondo delle acque e la superficie, allora le parti ombrose di essi corpi si faranno piú scure, che saranno coperte dai simulacri ombrosi; ed il simile faranno le loro parti luminose; ma se sopra le parti ombrose e luminose s'imprimeranno i simulacri luminosi, allora le parti illuminate de' predetti corpi si faranno di maggior chiarezza, e le loro ombre perderanno la loro grande oscurità; e questi tali corpi si dimostreranno di minor rilievo, che i corpi percossi dai simulacri oscuri. E questo accade, perché, com'è detto, i simulacri ombrosi aumentano le ombre de' corpi ombrosi, i quali, ancoraché sieno veduti dal sole, che penetra la superficie dell'acqua, e facciansi colle loro ombre forte differenti dai lumi di essi corpi, s'aggiunge ad essi l'ombra coll'oscurità del simulacro oscuro, che si specchia nella pelle delle acque; e cosí si aumenta l'ombra di questi corpi facendosi piú oscura. Ed ancoraché tale simulacro oscuro tinga di sé le parti illuminate di tali corpi sommersi, non gli manca la chiarezza che gli dà la percussione de' raggi solari, la quale, ancora ch'essa sia alquanto alterata da esso simulacro oscuro, poco nuoce, perché gli è tanto il giovamento ch'esso dà alle parti ombrose, che i corpi sommersi hanno piú rilievo assai che quelli che sono alterati dal simulacro luminoso; il quale, ancoraché rischiari le loro parti illuminate siccome le ombrose, le alterazioni di esse parti ombrose sono di tanta chiarezza, che tali corpi sommersi in tal sito si dimostrano di poco rilievo. Sia che il pelago nmtv abbia ghiaia, o erbe, o altri corpi ombrosi nel fondo della chiarezza della sua acqua, la quale pigli i suoi lumi dai raggi solari ch'escono dal sole d, e che una parte di ghiaia abbia sopra di sé il simulacro, il quale si specchia nella superficie di tale acqua, e che un'altra parte di ghiaia abbia sopra di sé il simulacro dell'aria bcsm, dico che la ghiaia coperta dal simulacro oscuro sarà piú visibile che la ghiaia ch'è coperta dalla chiarezza del simulacro chiaro; e la cagione si è che la parte percossa dal simulacro oscuro è piú visibile che quella ch'è percossa dal simulacro illuminato, perché la virtú visiva è superata ed offesa dalla parte illuminata dell'acqua, per l'aria che in essa si specchia, e cosí è aumentata tal virtú visiva dalla parte oscurata di essa acqua, ed in questo caso la pupilla dell'occhio non è d'uniforme virtú, perché da un lato è offesa dal troppo lume e dall'altro aumentata dall'oscuro.

Adunque quel ch'è detto di sopra non nasce se non da cause remote da tali acque e da tali simulacri, perché solo tal cosa nasce dall'occhio, il quale è offeso dallo splendore del simulacro dell'aria, ed è aumentato dall'altra parte dal simulacro oscuro.

## DELL'ACQUA CHIARA È TRASPARENTE IL FONDO FUORI DELLA SUPERFICIE

Dell'acqua che per la sua trasparenza si vede il fondo, si dimostrerà tanto piú spedito esso fondo, quanto l'acqua sarà di piú tardo moto; e questo accade perché le acque che son di tardo moto hanno la superficie senz'onde; per la sua planizie superficiale si vedono le vere figure delle ghiaie ed arena poste in fondo di esse acque; e questo intervenire non può all'acqua di veloce moto, per causa delle onde che si generano nella superficie; per le quali onde avendo a passare i simulacri delle varie figure delle ghiaie, non le possono portare all'occhio, perché le varie obliquità de' lati e fronti delle onde, e curvità, e lor sommità, ed intervalli, trasportano i simulacri fuori del retto nostro vedere, e tortesi le rette linee de' loro simulacri a diversi aspetti, ci mostrano confusamente le lor figure. E questo è dimostrato negli specchi flessuosi, cioè specchi misti di rettitudine, convessità e concavità.

## DELLA SCHIUMA DELL'ACQUA

La schiuma dell'acqua si dimostrerà di minor bianchezza, la quale sarà piú remota dalla superficie dell'acqua. E questo si prova per la quarta di questo, che dice: il natural colore della cosa sommersa si trasmuterà piú nel colore verde dell'acqua, la quale ha maggior somma di acqua sopra di sé.

## PRECETTO DI PITTURA

La prospettiva è briglia e timone della pittura.
La grandezza della figura dipinta dovrebbe mostrare a che distanza essa è veduta.
Se tu vedi una figura grande al naturale, sappi che essa si dimostra essere appresso all'occhio.

## PRECETTO

Sempre l'umbilico è nella linea centrale del peso che è da esso umbilico in su, e cosí tien conto del peso accidentale dell'uomo, come del suo peso naturale. Questo si dimostra nel distendere il braccio, che il pugno posto nel suo estremo fa l'ufficio che far si vede al contrappeso posto nell'estremo della stadera; onde per necessità si gitta tanto peso di là dall'umbilico, quanto è il peso accidentale del pugno; ed il calcagno da quel lato convien che s'innalzi.

## DE' DIECI UFFICI DELL'OCCHIO, TUTTI APPARTENENTI ALLA PITTURA

La pittura si estende in tutti i dieci uffici dell'occhio, cioè: tenebre, luce, corpo, colore, figura, sito, remozione, propinquità, moto e quiete, de' quali uffici sarà intessuta questa mia piccola opera, ricordando al pittore con che regola e modo deve imitare colla sua arte tutte queste cose, opera di natura ed ornamento del mondo.

## DELLA STATUA

Se vuoi fare una figura di marmo, fanne prima una di terra, la quale, finita che l'hai e secca, mettila in una cassa che sia ancora capace, dopo la figura tratta d'esso luogo, a ricevere il marmo che vuoi scolpirvi dentro la figura a similitudine di quella di terra. Poi messa la figura di terra dentro ad essa cassa, abbi bacchette, che entrino appunto per i suoi buchi, e spingile dentro tanto per ciascun buco, che ciascuna bacchetta bianca tocchi la figura in diversi luoghi, e la parte d'esse bacchette che resta fuori della cassa tingi di nero, e fa il contrassegno alla bacchetta ed al suo buco, in modo che a tua posta si scontri. E trarrai dalla cassa la figura di terra, e metterai il tuo pezzo di marmo, e tanto leverai dal marmo, che tutte le tue bacchette si nascondano sino al loro segno in detti buchi; e per poter far meglio questo, fa che tutta la cassa si possa levare in alto, ed il fondo d'essa cassa resti sempre sotto al marmo, ed a questo modo ne potrai levare con i ferri con gran facilità.

## PER FARE UNA PITTURA D'ETERNA VERNICE

Dipingi la tua pittura sopra della carta tirata in telaio, ben delineata[1] e piana, e poi da' una buona e grossa imprimitura di pece e mattone ben pesti; di poi da' l'imprimitura di biacca e giallorino, poi colorisci, e vernicia d'olio vecchio chiaro e sodo, ed appiccalo al vetro ben piano. Ma sarà meglio fare un quadro di terra ben vetriato e ben piano, e poi dar sopra esso vetriato l'imprimitura di biacca e giallorino; poi colorisci e vernicia, poi appicca il vetro cristallino con la vernice ben chiara ad esso vetro; ma fa prima ben seccare in istufa oscura esso colorito, e poi vernicialo con olio di noce ed ambra, ovvero olio di noce rassodato al sole. Se vuoi fare vetri sottili e piani, gonfia le bocce infra due tavole di bronzo o di marmo lustrate, e tanto le gonfia che tu le scoppi col fiato; e saranno piani e sí sottili, che tu piegherai il vetro, il quale poi sarà appiccato colla vernice alla pittura. E questo vetro per essere sottile non si romperà per alcuna percussione. Puossi ancora tirare in lungo ed in largo una piastra infocata sopra infocato fornello.

NOTE

[1] Nel codice: "delicata."

## MODO DI COLORIRE IN TELA

Metti la tua tela in telaro, e dàlle colla debole, e lascia seccare, e disegna, e da' le incarnazioni con pennelli di setole, e cosí fresca farai l'ombra sfumata a tuo modo. L' incarnazione sarà biacca, lacca e giallorino: e l'ombra sarà nero e maiorica e un poco di lacca, o vuoi lapis duro. Sfumato che tu hai, lascia seccare, poi ritocca a secco con lacca e gomma, stata assai tempo con l'acqua gommata insieme liquida, che è migliore, perché fa l'ufficio suo senza lustrare.

Ancora per fare le ombre piú oscure, togli la lacca gommata sopradetta ed inchiostro, e con questa ombra puoi ombrare molti colori, perché è trasparente; e puoi ombrare azzurro, lacca; di verso le ombre, dico, perché di verso i lumi ombrerai di lacca semplice gommata sopra la lacca senza tempera, perché senza tempera si vela sopra il cinabro temperato e secco.[1]

NOTE

[1] Nell'edizione viennese: "a secco."

## DE' FUMI DELLE CITTÀ

I fumi sono veduti meglio e piú spediti nelle parti orientali che nelle occidentali, stando il sole all'oriente; e questo nasce per due cause:
La prima è che il sole traspare co' suoi raggi nelle particole di tal fumo, e le rischiara e le fa evidenti;
La seconda è che i tetti delle case veduti all'oriente in tal tempo sono ombrosi, perché la loro obliquità non può essere illuminata dal sole.
Ed il simile accade nella polvere, e l'una e l'altra è tanto piú luminosa, quanto essa è piú densa, ed è piú densa inverso il mezzo.

## DEL FUMO E DELLA POLVERE

Stando il sole all'oriente, il fumo delle città non sarà veduto all'occidente, perché esso non è veduto penetrato dai raggi solari, né veduto in campo oscuro, perché i tetti delle case mostrano all'occhio quella medesima parte che si mostra al sole, e per questo campo chiaro tal fumo poco si vede.

Ma la polvere in simile aspetto si dimostra oscura piú che il fumo, per esser essa di materia piú densa che il fumo, ch'è materia umida.

## PRECETTO DI PROSPETTIVA IN PITTURA

Quando tu non conoscerai varietà di chiarezza o di oscurità infra l'aria, allora la prospettiva delle ombre sarà scacciata dalla tua imitazione, e solo ti hai a valere della prospettiva della diminuzione de' corpi e della prospettiva del diminuire dei colori e del diminuire delle cognizioni delle cose all'occhio contrapposte; e questa tal operazione fa parere una medesima cosa piú remota, cioè la perdita della cognizione della figura di qualunque obietto.

L'occhio non avrà mai per la prospettiva lineare, senza suo moto, cognizione della distanza che è fra l'obietto che s'interponga infra esso occhio ed un'altra cosa, se non mediante la prospettiva de' colori.

## L'OCCHIO POSTO IN ALTO CHE VEDE DEGLI OBIETTI BASSI

Quando l'occhio posto in alto sito vedrà le alte cime de' monti insieme colle loro basi, allora i colori delle cime de' monti parranno piú distanti che i colori delle loro basi. Provasi per la quarta di questo, che dice: infra i colori di eguale natura il piú remoto si tinge piú del colore del mezzo interposto infra esso e l'occhio che lo vede. Seguita, che, essendo le basi de' monti vedute per piú grossa aria che le loro cime, esse basi parranno piú remote dall'occhio che esse cime, le quali sono vedute dal medesimo occhio per l'aria piú sottile. Sia dunque l'occhio posto nell'altezza a, il quale vede la sommità del monte b dopo la interposizione dell'aria ab, e vede la base d del medesimo monte dopo l'aria ad, spazio piú breve che l' ab ; per essere essa aria ad piú grossa che l'aria ab, la base del monte, com'è detto, parrà piú distante che la sua cima.

## L'OCCHIO POSTO IN BASSO CHE VEDE DEGLI OBIETTI BASSI ED ALTI

Ma quando l'occhio posto in basso sito vedrà le basi de' monti e le loro cime, allora i colori di esso monte saranno assai men noti che quelli degli antecedenti; e questo accade perché tale cima e base di monte è veduta di tanta maggiore grossezza che le anzidette, quanto l'occhio che la vede è situato in piú basso luogo. Il quale occhio sia n, e la cima e la base del monte siano o c. Adunque, essendo la linea visuale cn nella seconda figura piú bassa che la visuale della prima figura da, egli è necessario che il colore della base della seconda dimostrazione sia piú variato dal suo naturale colore che quello della base della prima dimostrazione ed il medesimo s'intende aver detto delle cime de' monti.

## PERCHÉ SI DÀ IL CONCORSO DI TUTTE LE SPECIE CHE VENGONO ALL'OCCHIO AD UN SOL PUNTO

Delle cose di egual grandezza in varie distanze situate, la piú remota sarà veduta sotto minore angolo; bd è eguale al ce, ma ce viene all'occhio per tanto minore angolo che bd, quanto esso è piú remoto dal punto a, come mostra l'angolo cae al rispetto dell'angolo bad.

## DELLE COSE SPECCHIATE NELL'ACQUA

Delle cose specchiate nell'acqua quella sarà piú simile in colore alla cosa specchiata, la quale si specchia in acqua piú chiara.

## DELLE COSE SPECCHIATE IN ACQUA TORBIDA

Sempre le cose specchiate in acqua torbida partecipano del colore di quella cosa che intorbida tale acqua.

## DELLE COSE SPECCHIATE IN ACQUA CORRENTE

Delle cose specchiate in acqua corrente, il simulacro di quella cosa si dimostrerà tanto piú lungo e di confusi termini, il quale s'imprimerà in acqua di piú veloce corso.

## DELLA NATURA DEL MEZZO INTERPOSTO INFRA L'OCCHIO E L'OBIETTO

Il mezzo interposto infra l'occhio e l'obietto è di due quantità: cioè o esso ha superficie come l'acqua e il cristallo, od altra cosa trasparente, od esso è senza superficie comune, com'è l'aria che si appoggia alla superficie de' corpi che dentro ad essa s'inchiudono, la quale aria non ha in sé superficie continua se non nel termine inferiore e superiore.

## EFFETTI DEL MEZZO CIRCONDATO DA SUPERFICIE COMUNE

Il mezzo circondato da superficie comune non rende mai all'occhio l'obietto, che sta dopo sé, nel suo vero sito. Provasi, e sia il cristallo di superficie parallele o r, per il quale l'occhio a vede la metà dell'obietto ng che sta dopo di esso, cioè nm, per la parte del cristallo bo, e vede il rimanente dell'obietto, mg, per l'aria che sta sotto il cristallo; e per la settima del quarto la linea della parte superiore dell'obietto n si piega nell'introito del cristallo e fa la linea nba; e la linea della parte inferiore mg è veduta nel suo vero sito per la settima del quarto, come si mostra nelle linee che passano per l'aria sotto il cristallo in mga. Adunque l'una metà dell'obietto nm cresce nel cristallo bo e l'altra metà diminuisce nell'aria che sta sotto il cristallo in op.

## DEGLI OBIETTI

Quella parte dell'obietto sarà più illuminata, che sarà più propinqua al luminoso che l'illumina.
La similitudine e la sostanza delle cose in ogni grado di distanza perdono i gradi di potenza, cioè, quanto la cosa sarà più remota dall'occhio, sarà tanto meno penetrabile infra l'aria con la sua similitudine.

## DELLE DIMINUZIONI DE' COLORI E CORPI

Sia osservata la diminuzione delle qualità de' colori insieme con la diminuzione de' corpi ove si applicano.

## DELLE INTERPOSIZIONI DE' CORPI TRASPARENTI INFRA L'OCCHIO E L'OBIETTO

Quanto maggiore sarà la interposizione trasparente infra l'occhio e l'obietto, tanto più si trasmuterà il colore dell'obietto nel colore del trasparente interposto.
Quando l'obietto s'interpone infra l'occhio ed il lume, per la linea centrale che si estende fra il centro del lume e l'occhio, allora tal obietto sarà totalmente privato di lume.

www.ingramcontent.com/pod-product-compliance
Lightning Source LLC
Chambersburg PA
CBHW070847180526
45168CB00002B/986